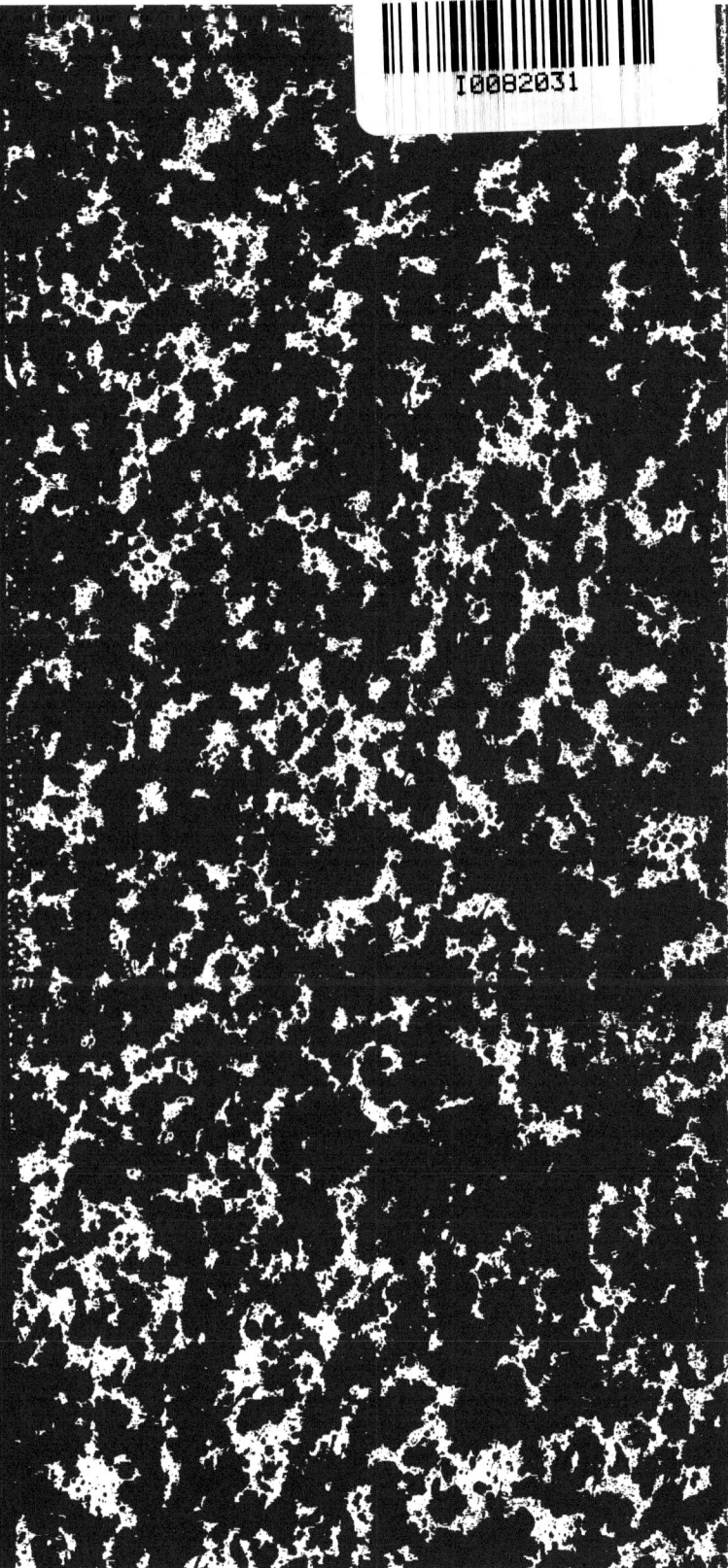

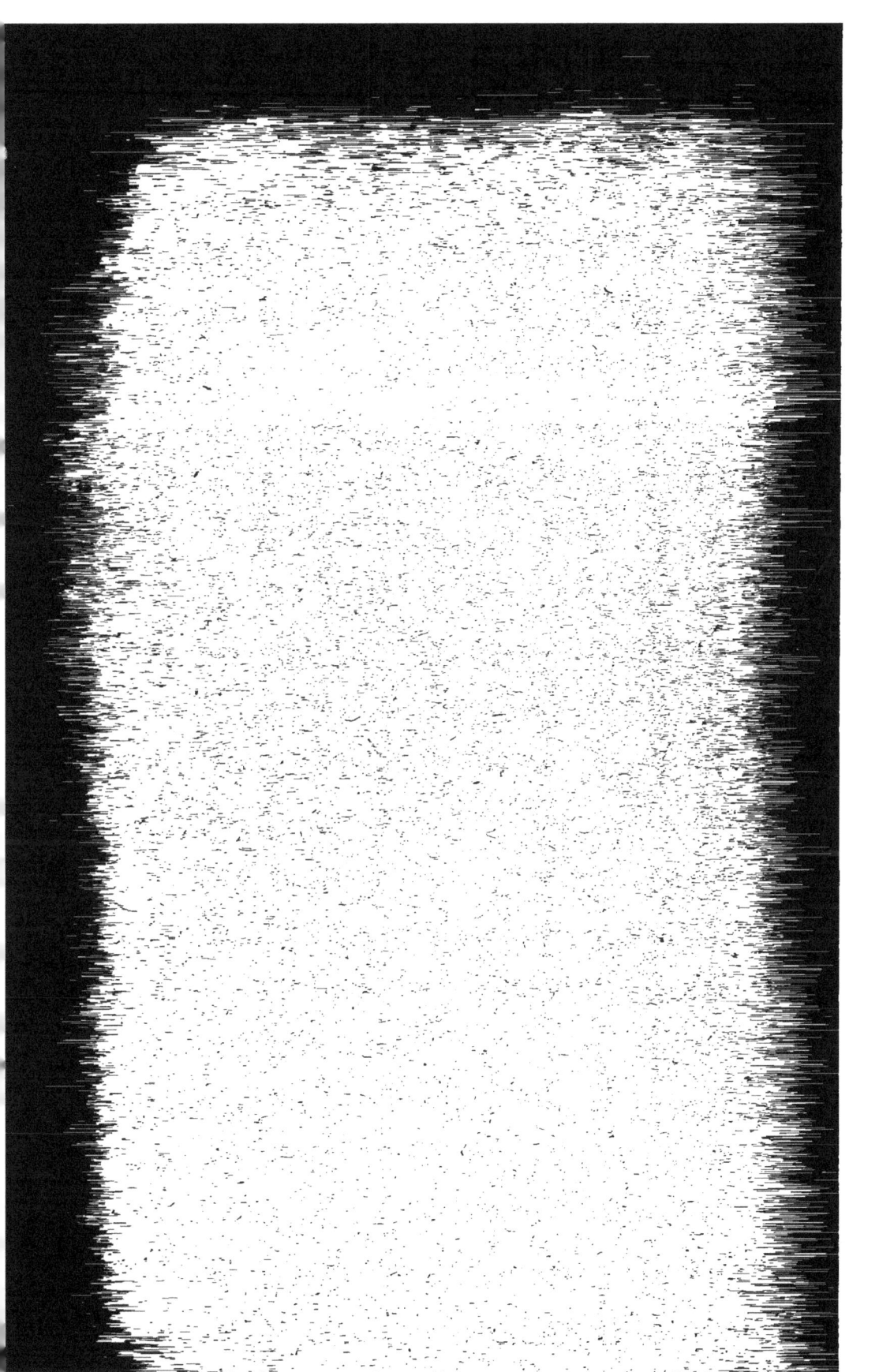

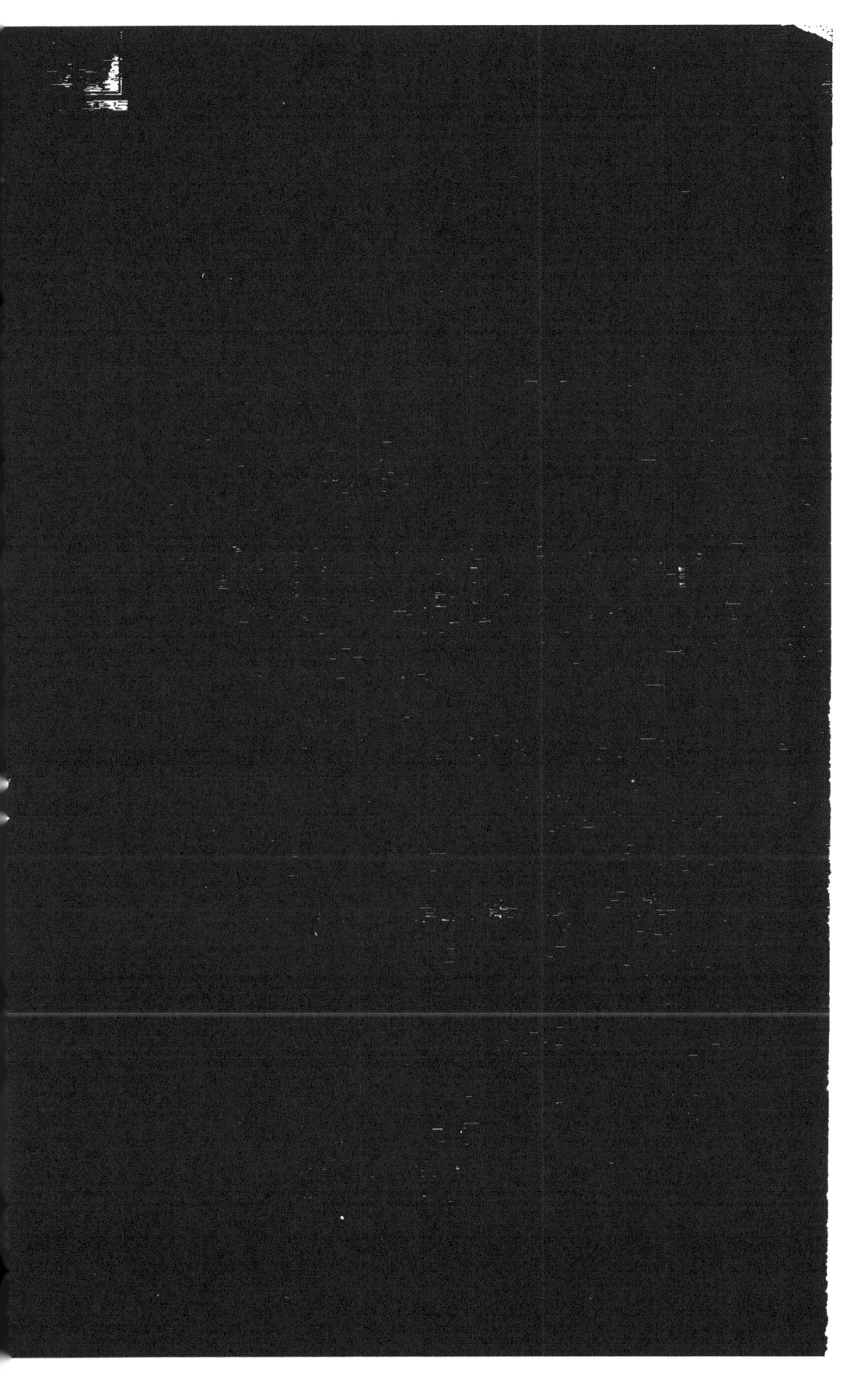

V

MÉTHODE NOUVELLE

POUR APPRENDRE FACILEMENT

L'ACCOMPAGNEMENT DU PLAIN-CHANT

Propriété pour la France et l'Étranger.

MUSIQUE TYPOGRAPHIQUE

DE TANTENSTEIN ET CORDEL

32, rue de la Harpe.

Impr. Moquet, 12, rue de la Harpe.

MÉTHODE NOUVELLE

POUR APPRENDRE FACILEMENT

L'ACCOMPAGNEMENT

DU

PLAIN-CHANT

PAR

J.-B. JAILLET

ORGANISTE A L'ÉGLISE SAINT-ÉTIENNE DE RENNES

———❦———

ON TROUVE CET OUVRAGE

CHEZ RÉNIER-CANAUX, ÉDITEUR DE MUSIQUE RELIGIEUSE

17, RUE Ste-APPOLINE, A PARIS

Et chez l'AUTEUR, rue Saint-Louis, à Rennes

1857

PRÉFACE.

Nous applaudissons de grand cœur au retour bien marqué qui se manifeste vers l'étude du chant ecclésiastique, et aux efforts nombreux qui tendent à donner aux solennités du culte divin plus de pompe et de dignité. L'orgue étant l'instrument le plus convenable, pour ne pas dire le seul convenable, pour accompagner et relever les chants de l'Église, on l'a multiplié, dans ces derniers temps, sous toutes les formes, afin de pouvoir le répandre jusque dans les plus petites paroisses. C'est une heureuse idée ; mais, par malheur, si les instruments ne sont pas rares, il en est bien autrement des organistes. Beaucoup de jeunes ecclésiastiques s'adonnent à l'étude de l'orgue avec un zèle admirable, qui mérite d'être soutenu et encouragé. C'est pour leur offrir notre concours et leur présenter les fruits de notre expérience et de nos études que nous publions cette méthode. Nous croyons avoir exposé des principes faciles à comprendre, et à l'aide desquels tout homme ayant quelque connaissance du doigté pourra se former seul, et apprendre en peu de temps à faire des accompagnements très satisfaisants. Il ne nous convient pas de faire l'éloge d'une méthode toute nouvelle dont nous n'avons jusqu'ici trouvé aucune trace dans les auteurs, et que nous offrons néanmoins avec confiance au public, parce qu'elle a pour nous l'épreuve d'une longue expérience. Appelé depuis longtemps à donner des leçons d'accompagnement, nous avons été à même de voir quelles sont les difficultés qui arrêtent le plus ordinairement les élèves ; et, nous sommes obligé de le dire, on ne trouve point dans les traités publiés jusqu'ici de solution assez claire et assez complète de ces difficultés, nous voulons parler de la question importante des tons et des modulations dans l'accompagnement du plain-chant. Le désir de nous rendre utile, en aplanissant ces difficultés autant que possible, nous a porté, après avoir cherché pendant longtemps, à réduire en règles simples et peu nombreuses ce que nous pratiquons nous-même, quand nous accompagnons ; et nous devons dire que les résultats qui ont constamment couronné notre enseignement, ne nous permettent pas de douter de l'exactitude de ces règles, de leur utilité, et de leur étonnante fécondité. C'est surtout par ces règles que notre ouvrage se distingue de tant d'autres traités qui ont été publiés par des maîtres habiles, et dont nous nous plaisons à reconnaître le véritable mérite sous bien des rapports, mais qui ne parlent point, ou ne parlent qu'imparfaitement de ce qui fait la principale difficulté dans l'accompagnement du plain-chant. Malgré cette lacune fâcheuse, nous n'aurions pas osé publier un nouveau traité d'accompagnement, si nous n'y avions été fortement sollicité par des hommes qui jouissent de toute notre estime et que nous croyons bons juges sur un pareil sujet. Comme nous n'avons point d'autre intention que de rendre service, nous demandons une chose, c'est qu'avant de nous juger, on veuille bien nous lire sans prévention, avec le seul désir de voir si la méthode est bonne, et la volonté de ne pas lui faire d'opposition, si on la croit propre à rendre facile l'art de l'accompagnement qui jusqu'ici a rebuté tant d'efforts et lassé tant de vrais courages.

On sera peut-être étonné de l'ordre que nous avons suivi, au commencement, dans l'exposé des matières. Il semble en effet, au premier coup-d'œil, qu'il serait plus convenable de donner, après le court résumé que nous avons fait des principes indispensables de la musique, les notions élémentaires de l'harmonie, et d'exposer la théorie des accords, avant d'en venir aux principes qui font la base de notre système. Si nous n'avons pas suivi ce plan, c'est que nous voulions enseigner la pratique des accords avant d'en donner la théorie, afin de rendre celle-ci plus facile ; inviter à faire les accords sur le clavier avant d'en dire les noms, la constitution et la manière de les employer ; parler à l'oreille avant de parler à l'intelligence de ceux pour qui nous écrivons plus particulièrement, pensant qu'ensuite nous serions mieux compris lorsque nous exposerions cette théorie des accords assez aride par elle-même. Nous avons eu encore un autre but, nous l'avouons franchement, celui de faire voir, dès le commencement, que notre ouvrage n'est point une simple répétition de ce qu'on trouve dans tous les traités d'harmonie ; nous avons voulu, en présentant une route toute nouvelle, engager le lecteur à y entrer, ne fut-ce que par curiosité. Nous l'exhortons à aller jusqu'au bout, espérant qu'il n'aura pas lieu de s'en repentir. S'il se trouvait des gens qui n'en sentissent pas le courage, nous les invitons à lire au moins le résumé qui termine l'ouvrage. En cela, nous prions de nous en croire, nous n'avons qu'un désir, celui d'être utile. Si notre découverte n'est pas ce qu'il y a de mieux, peut-être aurons-nous au moins l'avantage d'en porter d'autres plus habiles que nous à travailler sur le même sujet ; et s'ils réussissent à trouver une méthode qui mérite l'approbation de tous, nous en serons heureux et le premier de nos désirs sera satisfait.

TABLE DES MATIÈRES.

Pages.

Chapitre Ier. Notions préliminaires de musique 1

Art. Ier. De la gamme . . . . Id.

Art. II. Des intervalles et de leurs renversements. 2

Art. III. Des intervalles consonnants et dissonants 3

Art. IV. De la tonalité . . . . Id.

Chapitre II. Des notes de la gamme et de leurs accords 6

Art. Ier. Des accords propres à chaque ton. . . . . Id.

Art. II. Distinction des notes de la gamme 7

Art. III. Comment peut s'accompagner chaque note d'une même gamme . . . . . . Id.

Art. IV. Formation des mots mélodiques, mots harmoniques qui en résultent 8

Art. V. Mots mélodiques de trois notes et mots harmoniques correspondants. 13

Art. VI. Des renversements et des positions des accords 20

Art. VII. De la répétition et de la suppression de certaines notes dans les accords . . . 22

Art. VIII. De la succession des quintes et des octaves . . . . Id.

Art. IX. Des cadences 25

Art. X. De la marche de la basse 28

Chapitre III. Des modulations . . . . Id.

Art. Ier. Définitions et notions préliminaires . . . . Id.

Remarque sur la fausse relation 32

Art. II. De l'analyse des notes d'un chant. — Méthode générale et ses modifications . . Id.

Art. III. De la manière de faire les modulations dans le ton relatif et dans les tons voisins 33

Art. IV. Modulations amenées par la rencontre d'une note étrangère au ton primitif . . Id.

Art. V. Modulations amenées par les repos 34

Art. VI. Modulations amenées par les quartes et par les quintes descendant sur la tonique 35

Art. VII. Modulations sur les notes isolées 36

Art. VIII. Modulations sur les notes principales du ton primitif formant des groupes avec les notes subordonnées 37

Art. IX. Modulations sur les notes subordonnées transformées en principales, et sur les tierces transformées en mots . . . . Id.

Art. X. De la manière de faire les modulations dans les tons éloignés 39

Analyse de la gamme. — Gamme harmonique 40

Chapitre IV. Du plain-chant et de la manière de l'accompagner 42

Art. Ier. Rapports des modes du plain-chant avec les tons de la musique . . . . . Id.

Art. II. De la manière d'accompagner le plain-chant placé à la partie supérieure . . . 56

Art. III. De la manière d'accompagner le plain-chant placé à la basse 57

Notions préliminaires . . . . Id.

§ Ier. De l'accord de quinte diminuée et des accords de septième . . . . . . Id.

§ II. De l'accord de sixte augmentée 62

§ III. Formation de la gamme harmonique, quand le chant est à la basse . . . . . Id.

Règle et exemples d'accompagnement 66

Supplément 71

Art. IV. Autre manière d'accompagner le plain-chant 79

Résumé 83

ERRATA.

Page 17, 9ᵉ portée, 10ᵉ accord : mettez le chiffre 5 au lieu du chiffre 3.

— 42, 3ᵉ portée, 12ᵉ accord : chiffrez 5′.

— 43, 1ʳᵉ ligne : lisez *premier mode*, au lieu de *premier ton*.

— *Id.* le morceau de plain-chant de cette page et les suivants, donnés pour exemples, doivent être placés à la fin de l'article suivant, qui traite *de la manière d'accompagner le plain-chant placé à la partie supérieure*.

— 44, 1ʳᵉ portée, 1ᵉʳ accord : le ♭ doit être placé devant le *si*, et non devant le *ré*.

— *Id.* 9ᵉ portée : chiffrez le second mot 5′-5 et non 5-5′.

— 49, avant-dernière portée, 10ᵉ accord : chiffrez 5 au lieu de 5′.

— 52, 4ᵉ portée, 6ᵉ accord : mettez un *sol* à la basse au lieu de *si* ♭.

— *Id.* 6ᵉ portée, 13ᵉ accord : même correction que ci-dessus.

— 54, 1ʳᵉ portée, 4ᵉ accord : chiffrez 2 au lieu de 3.

— 59, 7ᵉ ligne : lisez 2-5′, 4-5′, 6-5′, au lieu de 2-5, 4-5, 6-5.

— *Id.* au dernier alinéa : lisez 2-5′; 4-5′; 6-5′; au lieu de 2-5; 4-5; 6-5.

— 60, au commencement de la page : lisez également 2-5′; 4-5′; 6-5′.

— 62, dans tous les mots de cette page qui renferment le chiffre 5, mettez le chiffre 5′.

— 64, 8ᵉ portée : la troisième liaison est mal placée et doit être entre les deux chiffres suivants : 7 . 8.

MÉTHODE NOUVELLE

POUR APPRENDRE FACILEMENT L'ACCOMPAGNEMENT DU PLAIN-CHANT.

CHAPITRE Ier.

NOTIONS PRÉLIMINAIRES DE MUSIQUE.

ARTICLE IER. — DE LA GAMME.

La *Gamme* est le chant des sept notes de la musique, avec la répétition de la première à l'octave. On distingue plusieurs sortes de gammes; nous ne parlerons que
de la gamme diatonique, qui procède par tons et par demi-tons naturels, c'est-à-
dire, sans altération d'aucune note. Elle renferme cinq tons et deux demi-tons; et,
comme les deux demi-tons peuvent se placer différemment, on distingue, dans la
musique, deux modes ou manières de faire la gamme diatonique : le *mode majeur*
et le *mode mineur*. Ils sont appelés ainsi, le premier, parce que sa gamme commence
par une tierce majeure, et le second, parce que la sienne commence par une tierce
mineure. Dans le mode majeur, le premier demi-ton se trouve de la troisième note
à la quatrième, et le second demi-ton, de la septième note à la huitième. Par conséquent, en partant de la première note, ou la plus basse, on trouve deux tons, puis
un demi-ton, ensuite trois tons, et enfin le second demi-ton. La gamme qui commence par *ut* est une gamme majeure, qui sert de modèle à toutes les gammes du
même mode.

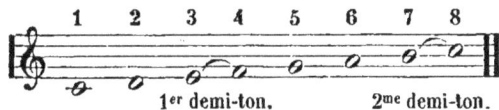

Dans le mode mineur, le premier demi-ton se place de la deuxième note à la
troisième, et le second, tantôt de la cinquième note à la sixième, et tantôt de la
septième à la huitième. Il y a, par conséquent, deux manières de former la gamme
mineure: quand on monte de la septième note à la huitième, le second demi-ton se
place entre ces deux notes; et quand on descend, le second demi-ton reste placé
entre la sixième note et la cinquième. La gamme qui commence par le *la* est une
gamme en mode mineur, et elle sert de modèle à toutes les autres gammes de ce mode,

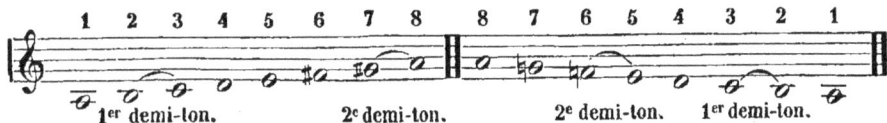

Il est de la dernière importance de ne pas perdre de vue cette formation des deux
gammes majeure et mineure. On doit aussi savoir que les notes d'une gamme se
désignent souvent par les dénominations de premier, de second, de troisième degré, etc. La première note, ou la plus basse, s'appelle encore *tonique*; la troisième
médiante; la cinquième, *dominante*; et la septième, *note sensible*.

1

ARTICLE II. — DES INTERVALLES ET DE LEURS RENVERSEMENTS.

On appelle *intervalle* la distance d'un son à un autre. Le plus petit intervalle usité est celui d'un demi-ton. L'intervalle d'une note à celle qui est immédiatement au-dessus d'elle se nomme intervalle de seconde; l'intervalle d'une note à la troisième au-dessus s'appelle tierce; celui d'une note à la quatrième, quarte; à la cinquième, quinte; et puis, sixte, septième, octave, neuvième, dixième, etc.

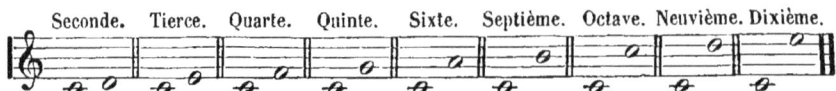

Seconde. Tierce. Quarte. Quinte. Sixte. Septième. Octave. Neuvième. Dixième.

Il faut remarquer que, pour éviter toute équivoque, on est convenu de compter les intervalles en montant, c'est-à-dire en partant du son le plus grave, et que les noms des intervalles se tirent du nombre des notes qui se trouvent de la plus basse à la plus haute, y compris ces deux notes elles-mêmes.

Chacun des intervalles indiqués ci-dessus se subdivise en plusieurs espèces, dont voici les principales avec leurs noms et leur valeur.

La seconde mineure....	qui renferme ..	un demi-ton.
La seconde majeure....	— ..	un ton.
La tierce mineure.....	— ..	un ton et un demi-ton.
La tierce majeure.....	— ..	deux tons.
La quarte juste......	— ..	deux tons et un demi-ton.
La quarte augmentée ...	— ..	trois tons.
La quinte diminuée....	— ..	deux tons et deux demi-tons.
La quinte juste......	— ..	trois tons et un demi-ton.
La quinte augmentée ...	·— ..	trois tons et deux demi-tons.
La sixte mineure.....	— ..	trois tons et deux demi-tons.
La sixte majeure.....	— ..	quatre tons et un demi-ton.
La sixte augmentée....	— ..	quatre tons et deux demi-tons.
La septième diminuée...	— ..	trois tons et trois demi-tons.
La septième mineure...	— ..	quatre tons et deux demi-tons.
La septième majeure...	— ..	cinq tons et un demi-ton.
L'octave..........	— ..	cinq tons et deux demi-tons.

Seconde mineure.

Seconde majeure.

Tierce mineure.   Tierce majeure.

Quarte juste.   Quarte augmentée.

Quinte diminuée. Quinte juste. Quinte augmentée.

Sixte mineure. Sixte majeure. Sixte augmentée.

Septième diminuée. Septième mineure. Septième majeure.

Octave.

Renverser un intervalle, c'est transporter le son le plus grave à l'octave au-dessus. Cette opération change évidemment la nature de l'intervalle : une seconde renversée devient une septième ; une tierce renversée devient une sixte ; une quarte devient une quinte ; une quinte devient une quarte ; une sixte devient une tierce ; et une septième devient une seconde. En outre, tout intervalle diminué devient, après son renversement, un intervalle augmenté, et réciproquement ; tout intervalle mineur devient un intervalle majeur ; un intervalle juste se change en un autre intervalle également juste. Il est facile de voir la raison de cette règle : l'intervalle direct et son renversement formant ensemble une octave, plus le premier sera petit, et plus le second sera grand, et réciproquement.

Il faut remarquer que les intevalles plus grands que l'octave ne peuvent se renverser sans cesser d'exister : un intervalle de neuvième deviendrait un intervalle de seconde.

ARTICLE III.—DES INTERVALLES CONSONNANTS ET DISSONANTS.

Parmi les intervalles, les uns sont *consonnants*, les autres sont *dissonants*. Les intervalles consonnants sont la tierce mineure, la tierce majeure, la quinte juste, la sixte mineure, la sixte majeure, et l'octave. La quarte juste n'est pas regardée comme consonnante quand elle est seule, c'est-à-dire dans un morceau d'harmonie à deux parties ; mais elle est consonnante quand elle est accompagnée de la sixte, comme dans l'accord *mi-sol-ut*. On divise les consonnances en *parfaites* et *imparfaites*. La quinte et l'octave sont des consonnances parfaites. On y joint l'unisson, bien qu'il ne soit pas un intervalle. La tierce et la sixte sont appelées consonnances imparfaites. Ces dénominations viennent de ce que la quinte et l'octave ne peuvent être altérées sans cesser d'être consonnantes, tandis que la tierce et la sixte sont consonnantes, qu'elles soient mineures ou majeures. Tous les autres intervalles sont dissonants, savoir : les intervalles de seconde, de septième, de neuvième, etc., et tous ceux qui portent la dénomination d'intervalles augmentés ou diminués.

ARTICLE IV. — DE LA TONALITÉ.

Nous avons vu comment se forme la gamme majeure. Si, prenant la gamme d'*ut*, nous y déplaçons le premier demi-ton qui se trouve du *mi* au *fa* en le mettant un degré plus haut, entre le *fa* et le *sol* ce qui se fera en diésant le *fa*, nous n'aurons plus la gamme d'*ut*, mais une gamme de *sol*, comme il est facile de s'en assurer par la place qu'occupent les demi-tons : le premier se trouvant du *si* à l'*ut*, ou du troisième degré au quatrième ; et le second, du *fa* dièse au *sol*, c'est-à-dire du septième degré à l'octave. De même, dans cette nouvelle gamme de *sol*, si l'on déplace le premier demi-ton, en le mettant de l'*ut* au *ré*, ce qui se fera en diésant l'*ut*, on aura une nouvelle gamme dont la première note ou tonique sera le *ré*. En faisant la même opération dans cette troisième gamme, c'est-à-dire en diésant le *sol*, on obtiendrait la gamme de *la* majeur ; en diésant ensuite le *ré*, on aurait la gamme de *mi* majeur, et ainsi de suite.

D'où l'on voit que chacune des sept notes peut devenir la tonique ou première note d'une gamme formée d'après les règles établies ci-dessus.

On voit, en outre, que le premier dièse se place sur le *fa*, le deuxième sur l'*ut*, le troisième sur le *sol*, et ainsi de suite de quinte en quinte en montant. La tonique ou première note de chaque gamme se trouve un degré au-dessus du dernier dièse, et c'est à ce caractère qu'on la reconnaît facilement, et qu'on sait quel est le ton d'un morceau de musique, lorsqu'il y a un ou plusieurs dièses à la clef.

Chaque gamme majeure ou ton majeur a son *relatif* mineur. On appelle relatif d'un ton, un autre ton ou gamme qui a les mêmes signes d'altération à la clef, quand il y en a. Le ton d'*ut* majeur n'ayant point de dièse à la clef, a pour relatif mineur le ton de *la*, qui n'en a point non plus. Le ton de *sol* majeur ayant un dièse à la clef, son relatif mineur est le ton de *mi*, qui, comme lui, n'a qu'un dièse à la clef. Règle générale : un ton majeur a pour relatif le ton placé une tierce mineure au-dessous de sa tonique. Chaque ton mineur reçoit sur sa septième note un dièse accidentel qui le distingue de son relatif majeur.

GAMME
en
UT *majeur.*

GAMME
en
LA *mineur,*
Ton relatif
d'*ut* majeur.

GAMME
en
SOL *majeur.*

GAMME
en
MI *mineur,*
Ton relatif
de *sol* majeur.

De même qu'on peut déplacer les demi-tons à l'aide du dièse, dont l'effet est de hausser une note d'un demi-ton, de même aussi on peut les déplacer à l'aide d'un autre signe, le bémol, qui a pour effet de baisser une note d'un demi-ton. Si, prenant encore la gamme d'*ut*, nous déplaçons le demi-ton qui se trouve de *si* à *ut* en abaissant le *si* à l'aide du bémol, de manière à n'avoir plus qu'un demi-ton du *la* au *si*, nous obtiendrons une gamme majeure en *fa*, comme il est facile de s'en assurer en vérifiant la place des demi-tons. Dans cette gamme de *fa*, faisons la même opération sur sa septième note, le *mi*, en plaçant un bémol devant ce *mi*, et nous aurons une gamme en *si bémol*. Dans cette dernière gamme, en plaçant un bémol devant le *la*, nous aurons une gamme en *mi bémol*, et ainsi de suite. Règle générale : les bémols se placent de quinte en quinte en descendant, à partir du *si*. Quand il y a un ou plusieurs bémols à la clef, on reconnaît de suite le ton par le dernier; la tonique est une quinte au-dessus, ou, ce qui revient au même, une quarte au-dessous.

GAMME
en
UT *majeur.*

GAMME
en
FA *majeur.*

GAMME
en
SI ♭ *majeur.*

GAMME
en
MI ♭ *majeur.*

Chaque ton majeur, ici comme dans le cas des dièses, a son relatif mineur, dont la tonique est également une tierce mineure au-dessous de celle du ton majeur, et qui s'en distingue aussi par l'altération accidentelle de sa septième note.

GAMME
en
FA *majeur.*

GAMME
en
RÉ *mineur,*
Ton relatif
de *fa* majeur.

GAMME
en
si♭ *majeur.*

GAMME
en
SOL *mineur,*
Ton relatif
de *si♭* majeur.

Comme un ton majeur et son relatif mineur ont le même nombre de signes à la clef, on ne peut les distinguer par là. Pour reconnaître si un morceau est en mode majeur ou en mode mineur, il faut voir la note qui finit ce morceau, laquelle est toujours la tonique; ou bien encore prendre la dominante du ton majeur, qui est la septième note de son relatif mineur. Si cette note n'est point altérée dans le courant du morceau, on est dans le ton majeur; dans le cas contraire, on est dans le ton mineur. Il faut se rappeler que quand une note est précédée d'un dièse, si l'on veut l'abaisser d'un demi-ton, on remplace le dièse par le signe appelé bécarre; et que quand une note est précédée d'un bémol, on l'élève d'un demi-ton en plaçant le bécarre devant elle: ainsi le bécarre sert à remettre une note altérée dans son ton naturel. D'après cela, quand la septième note d'un ton mineur est précédée d'un bémol, on élève cette note d'un demi-ton en mettant un bécarre devant elle.

CHAPITRE II.

DES NOTES DE LA GAMME ET DE LEURS ACCORDS.

ARTICLE IER.—DES ACCORDS PROPRES A CHAQUE TON.

Dans chaque ton de la musique, il y a trois accords parfaits qui lui sont propres : l'accord de sa tonique, l'accord de sa dominante, et l'accord de sa sous-dominante. Le premier est le principal, et les deux autres lui sont subordonnés. Ils ne peuvent marcher seuls, et ils doivent être régulièrement suivis de l'accord de la tonique, parce que ce dernier détermine le ton d'une manière complète. Dans les tons majeurs, ces trois accords sont majeurs, c'est-à-dire qu'ils commencent par une tierce majeure; dans les tons mineurs, l'accord de la tonique et celui de la sous-dominante sont mineurs, parce qu'ils commencent par une tierce mineure. L'accord de la dominante est toujours majeur dans les deux modes [1].

TON
MAJEUR.

tonique. dominante. tonique. sous-dominante. tonique.

TON
MINEUR.

tonique. dominante. tonique. sous-dominante. tonique.

ARTICLE II.—DISTINCTION DES NOTES DE LA GAMME.

Les trois notes qui forment l'accord de la tonique sont les notes principales du ton; les quatre autres en sont les notes subordonnées. Deux de ces subordonnées, la deuxième et la septième, entrent dans l'accord de la dominante; les deux autres, la quatrième et la sixième, font partie de l'accord de la sous-dominante. Comme le premier de ces accords est plus important que le second, nous appellerons la deuxième et la septième note d'un ton, subordonnées de première classe; et la quatrième et la sixième, subordonnées de seconde classe.

ARTICLE III. — COMMENT S'ACCOMPAGNE CHAQUE NOTE D'UNE MÊME GAMME.

Les trois notes principales d'un ton s'accompagnent ordinairement par l'accord de la tonique; la deuxième et la septième note, par l'accord de la dominante; la quatrième et la sixième, par celui de la sous-dominante. (Nous supposons, ici et dans la suite, le chant placé à la partie supérieure.)

tonique. dominante. tonique. sous-domin. tonique. sous-domin. tonique. dominante. tonique

(1) L'accord parfait se compose de trois notes placées de tierce en tierce. On peut répéter une ou plusieurs de ces notes, et leur donner diverses positions, comme nous le verrons plus tard. Nous userons de cette faculté dès nos premiers exemples, afin de les rendre chantants.

Comme la tonique fait, en outre, partie de l'accord de la sous-dominante, et comme la dominante fait aussi partie de l'accord de dominante, ces deux notes peuvent, dans certains cas, recevoir ces accords, comme nous allons le voir bientôt. Elles deviennent alors notes subordonnées accidentellement, et se désignent, non plus par les noms de tonique et de dominante, mais par leur rang dans la gamme, en prenant les noms de première et de cinquième note.

ARTICLE IV.—FORMATION DES MOTS MÉLODIQUES; MOTS HARMONIQUES QUI EN RÉSULTENT.

Puisque, dans chaque ton, un accord subordonné doit être suivi de l'accord principal, et que, d'un autre côté, chaque note subordonnée reçoit un accord subordonné, et chaque note principale, l'accord de la tonique ou accord principal du ton, nous pouvons combiner les subordonnées successivement avec chacune des principales, ce qui donnera douze groupes de deux notes, composés d'une subordonnée et d'une principale, qui, dans l'harmonie, donneront un accord subordonné et l'accord principal. Nous appellerons ces groupes *mots mélodiques* de deux notes, et les deux accords qu'ils donnent, *mots harmoniques* de deux accords.

En prenant le ton d'*ut* majeur pour exemple, nous aurons les douze combinaisons suivantes :

Ré-ut — ré-mi — ré-sol.
Fa-ut — fa-mi — fa-sol.
La-ut — la-mi — la-sol.
Si-ut — si-mi — si-sol.

On peut lire ce tableau de deux manières, en allant de gauche à droite, ou bien de haut en bas. Nous appelons *mots de tonique* ceux qui se terminent par cette note, et qu'on voit dans la première colonne verticale ; *mots de médiante*, ceux qui finissent par la médiante, et qui sont contenus dans la seconde colonne ; et enfin *mots de dominante*, les mots terminés par la dominante, et que l'on voit dans la troisième colonne.

MOTS DE TONIQUE.

MOTS DE MÉDIANTE.

médiante.   médiante.   médiante.   médiante.

dominante. tonique   sous-dom. tonique.   sous-dom. tonique.   dominante. tonique.

MOTS DE DOMINANTE.

dominante. sous-dom.| dominante.   dominante.   dominante.

tonique.   tonique.

dominante. médiante.   médiante. sous-dom. tonique.   dominante. tonique.

Même exemple en *la* mineur, ton relatif d'*ut* majeur.

MOTS DE TONIQUE.

tonique   tonique.   tonique.   tonique.

(Inusité.)

dominante. tonique.   sous-dom. tonique.   dominante. tonique.

MOTS DE MÉDIANTE.

médiante.   médiante.   médiante.   médiante.

(Inusité.)

dominante. tonique.   sous-dom. tonique.   sous-dom. tonique.

MOTS DE DOMINANTE.

dominante.   dominante.   dominante.   dominante.

dominante. médiante.   médiante. sous-dom. tonique.   dominante. tonique.

Nous avons dit plus haut que la première note peut recevoir, dans certains cas, l'accord de la sous-dominante : c'est lorsqu'elle est suivie d'une des trois principales. En la combinant donc avec chacune des principales, nous obtiendrons trois nouveaux mots mélodiques, que nous désignerons par l'expression de *mots de la première note*, et qui s'accompagneront par l'accord de la sous-dominante et celui de la tonique. Voici ces mots dans le ton d'*ut* majeur :

Ut-ut — ut-mi — ut-sol.

MOTS DE PREMIERE NOTE EN *UT* MAJEUR.

De même, dans le ton de *la* mineur, on a les mots :

La-la — la-ut — la-mi.

MOTS DE PREMIERE NOTE EN *LA* MINEUR.

La cinquième note peut prendre l'accord de la dominante quand elle est suivie d'une des principales, et, par conséquent, former aussi trois autres mots mélodiques, appelés *mots de la cinquième note*, qui sont, en *ut* majeur :

Sol-ut — sol-mi — sol-sol.

MOTS DE CINQUIÈME NOTE EN *UT* MAJEUR.

De même, en *la* mineur, on a les mots :

Mi-la — mi-ut — mi-mi.

MOTS DE LA CINQUIÈME NOTE EN *LA* MINEUR.

dominante. tonique. dominante. tonique. dominante. tonique.

En résumé, en combinant avec chacune des notes principales les quatre notes subordonnées d'une gamme, et les deux qui le deviennent accidentellement, nous obtenons dix-huit groupes de deux notes, qui, dans l'accompagnement, ne donnent que deux mots harmoniques, ayant chacun l'accord de la tonique pour dernier accord. Nous appellerons *premier mot harmonique* celui qui renferme l'accord de la dominante, et *second mot harmonique* celui qui contient l'accord de la sous-dominante.

Nous invitons nos lecteurs à donner une attention toute particulière à ces groupes dont ils connaîtront plus tard l'importance et l'application, et à bien remarquer les intervalles que font les subordonnées avec chacune des principales dans le mode majeur et dans le mode mineur, afin de pouvoir reconnaître promptement si un groupe donne un mot de tonique, ou de médiante, ou de dominante.

Pour aider la mémoire, nous ferons le résumé suivant :

1° Un intervalle de seconde mineure ascendante annonce une tonique dans les deux modes, ou bien une médiante dans le mode mineur; et un intervalle de seconde mineure descendante annonce une médiante, en mode majeur, ou une dominante en mineur.

2° Une seconde majeure ascendante annonce une médiante en majeur, ou une do-dominante dans l'un et l'autre mode; et une seconde majeure descendante annonce une tonique dans les deux modes, ou une dominante en majeur, ou une médiante en mineur.

3° Une tierce ascendante annonce ou une tonique, ou une médiante sur la seconde note; et une tierce descendante annonce ou une médiante, ou une dominante sur la seconde note.

4° Une quarte ascendante annonce une tonique, ou une dominante, ou même une médiante sur la seconde note; et une quarte descendante annonce une médiante.

5° Une quinte ascendante annonce une tonique, ou une médiante, ou une dominante dans les deux modes; et une quinte descendante annonce une médiante.

INTERVALLE DE SECONDE MINEURE ASCENDANTE.

tonique. tonique. tonique

INTERVALLE DE SECONDE MINEURE DESCENDANTE.

En ut *majeur.*
médiante.

En la *mineur.*
dominante.

tonique.

tonique.

SECONDE MAJEURE ASCENDANTE.

Ut *majeur.*
médiante.

La *mineur.*
dominante.

Ut *majeur.*
dominante.

SECONDE MAJEURE DESCENDANTE.

Ut *majeur.*
tonique.

Ut *mineur.*
tonique.

Fa *majeur.*
dominante.

La *mineur.*
médiante.

TIERCE ASCENDANTE.

Ut *majeur.*
tonique.

Ut *majeur.*
médiante.

La *mineur.*
médiante.

TIERCE DESCENDANTE.

La *mineur.*
médiante.

Fa *majeur.*
dominante.

tonique.

tonique.

QUARTE ASCENDANTE.

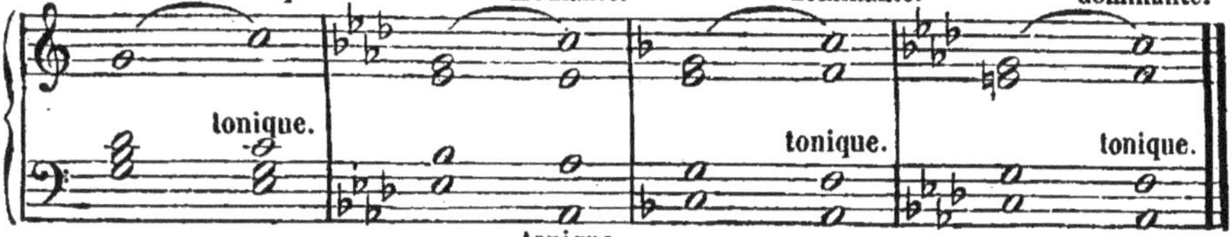

Ut *majeur.*   La *bémol.*   Fa *majeur.*   Fa *mineur.*
tonique.   médiante.   dominante.   dominante.

tonique.   tonique.   tonique.

tonique.

QUARTE DESCENDANTE.

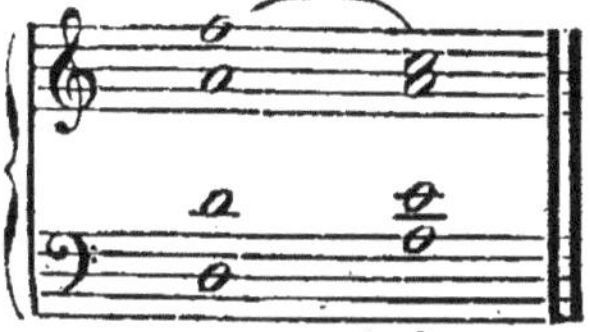

La *mineur.*
médiante.

tonique.

QUINTE ASCENDANTE.

Ut *majeur.*   La *mineur.*   Ut *majeur.*   La *mineur.*   Ut *majeur.*   La *mineur.*
tonique.   tonique.   médiante.   médiante.   dominante.   dominante.

tonique.   tonique.   tonique   tonique

tonique.   tonique.

QUINTE DESCENDANTE.

Ut *majeur.*
médiante.

tonique.

ARTICLE V.—MOTS MÉLODIQUES DE TROIS NOTES ET MOTS HARMONIQUES CORRESPONDANTS.

Si nous combinons chacune des subordonnées de seconde classe avec les subordonnées de première classe, excepté la quatrième avec la septième, à cause du triton; et si nous faisons suivre ces combinaisons de chacune des notes principales du ton, nous obtiendrons des groupes ou mots de trois notes, qui pourront s'accompagner par les trois accords du ton, et donner lieu à des mots harmoniques de trois accords.

Ainsi, en *ut* majeur, nous aurons :

Fa-ré ut — fa-ré-mi — fa-ré-sol.
La-ré-ut — la-ré-mi — la-ré-sol.
La-si-ut — la-si-mi — la-si-sol.

MOTS DE TROIS NOTES.

REMARQUE. — En représentant par des chiffres les sept notes d'une gamme quelconque, nous aurons l'expression générale de tous les mots mélodiques qui peuvent donner lieu à des mots harmoniques.

1° *Mots des subordonnées proprement dites.*

2-1 ——— 2-3 ——— 2-5
4-1 ——— 4-3 ——— 4-5
6-1 ——— 6-3 ——— 6-5
7-1 ——— 7-3 ——— 7-5

2° *Mots des subordonnées accidentelles.*

1'-1 ——— 1'-3 ——— 1'-5 (*)
5'-1 ——— 5'-3 ——— 5'-5

3° *Mots de trois notes.*

4-2-1 ——— 4-2-3 ——— 4-2-5
6-2-1 ——— 6-2-3 ——— 6-2-5
6-7-1 ——— 6-7-3 ——— 6-7-5

MOTS DE DEUX NOTES EN *UT* MAJEUR.

dom. tonique.   dom. tonique.   dom.   méd.   sous-d. tonique. sous-d. tonique.

(*) Pour indiquer que la tonique est regardée comme première note, et qu'elle prend l'accord de la sous-dominante, nous la désignerons par le chiffre 1 surmonté d'un accent ; et, pour indiquer que la dominante est prise pour cinquième note, et qu'elle prend l'accord de la dominante, nous mettrons également un accent au-dessus du 5.

sous-d. ton.   sous-d. ton.   sous-d. ton.   dom. tonique.   dom. tonique.   dom. tonique.

tonique.   Ce mot n'est usité que lorsque le chant est à la basse.

sous-d. ton.   sous-d. ton.   sous-dom.   dom. tonique.   dom. tonique.

MOTS DE TROIS NOTES EN *UT* MAJEUR.

sous-d. dom. ton.   sous-d. dom. ton.   sous-d. dom. méd.   sous-d. dom. ton.   sous-d. dom. ton.

sous-d. dom. méd.   sous-d. dom. ton.   sous-d. dom. ton.   sous-d. dom. ton.

MOTS DE DEUX NOTES EN *LA* MINEUR.

(Inusité.)

dom. tonique.   dom. tonique.   dom. méd.   sous-d. ton.   6 médiante.

sous-d. ton. sous-d. ton. sous-d. ton. dom. tonique. dom. tonique

sous-d. ton. sous-d. ton. sous-d. méd. dom. tonique. dom. tonique.

MOTS DE TROIS NOTES EN *LA* MINEUR.

sous-d. dom. ton. sous-d. dom. ton. sous-d. dom. méd. sous-d. dom. ton. sous-d. dom. ton.

sous-d. dom. méd. sous-d. dom. tonique.

MOTS DE DEUX NOTES EN *SOL* MAJEUR.

MOTS DE TROIS NOTES EN *SOL* MAJEUR.

MOTS DE DEUX NOTES EN *MI* MINEUR.

(Inusité.)

(Inusité.)

(Inusité.)

3

MOTS DE TROIS NOTES EN *MI* MINEUR.

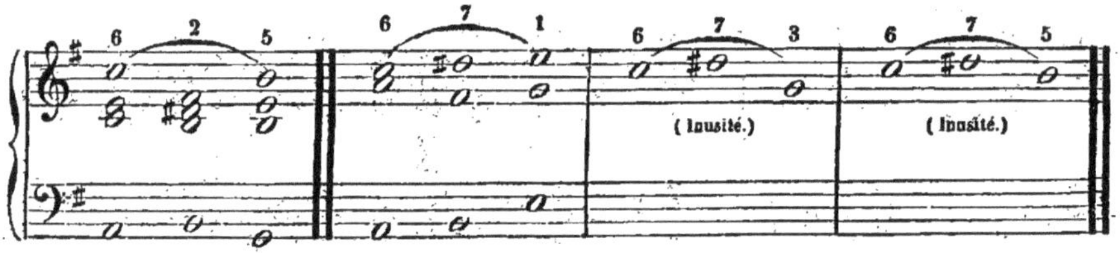

MOTS DE DEUX NOTES EN *FA* MAJEUR.

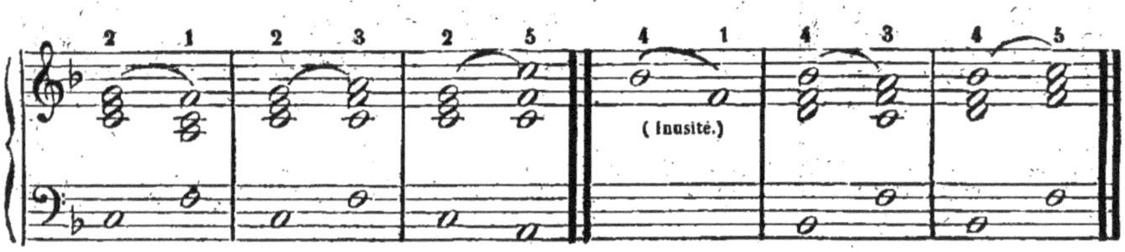

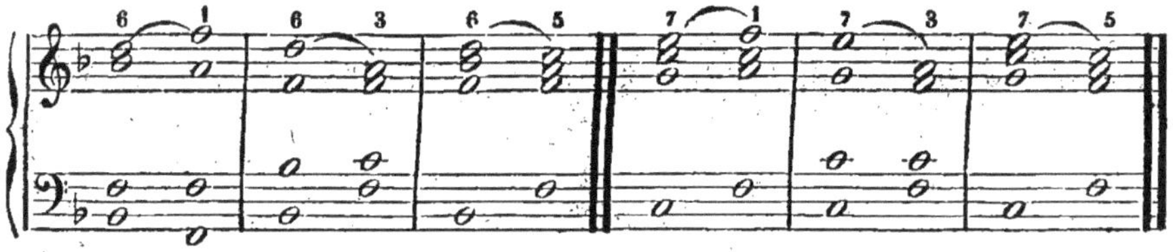

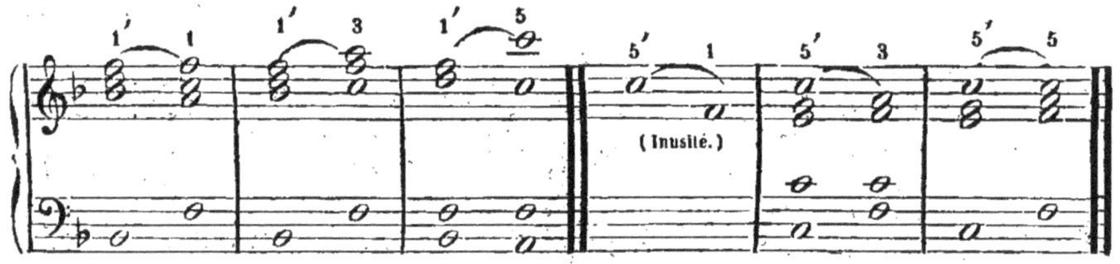

(Inusité.)

(Inusité.)

(Inusité.)

MOTS DE TROIS NOTES EN *FA* MAJEUR.

MOTS DE DEUX NOTES EN *RÉ* MINEUR.

MOTS DE TROIS NOTES EN *RÉ* MINEUR.

ARTICLE VI.—DES RENVERSEMENTS ET DES POSITIONS DES ACCORDS.

Les accords sont directs, fondamentaux ou renversés.

Un accord est *direct*, lorsque toutes les notes de cet accord sont disposées de manière à former une progression de tierces :

Un accord est *fondamental* lorsque la note la plus grave de la progression de tierces est à la basse, quelle que soit la disposition des autres notes de cet accord. Cette note la plus grave s'appelle note fondamentale de l'accord :

Un accord est *renversé*, lorsque ce n'est pas la note fondamentale qui est à la basse, mais bien une des autres notes de l'accord. Il résulte de là qu'un accord a autant de renversements qu'il a de notes, moins la fondamentale.

Lorsque la seconde note de l'accord est à la basse, on a le premier renversement de cet accord, que l'on appelle *accord de sixte* :

Lorsque c'est la troisième note de l'accord qui est à la basse, on a le deuxième renversement de cet accord, que l'on appelle *accord de quarte et sixte* :

On voit, d'après cela, que c'est par la note de la basse que l'on reconnaît si un accord est fondamental ou renversé, et quel est le renversement de l'accord.

Les différentes manières de disposer les autres notes de l'accord s'appellent *positions*. Un accord a autant de positions que de notes. Lorsque la première note d'un accord est la plus basse des parties supérieures, l'accord est dans sa première position. Si c'est la seconde note de l'accord qui est la plus basse des parties supérieures, l'accord est dans sa seconde position, et ainsi de suite.

Nous ajouterons que le nom d'un accord se tire du nom de sa note fondamentale, quelle que soit la disposition que l'on donne à ses notes. Ainsi l'on dit : l'accord de la tonique, l'accord de la quatrième note, etc., pour désigner les renversements de ces accords aussi bien que les accords fondamentaux eux-mêmes.

RENVERSEMENTS ET POSITIONS DES ACCORDS.

ARTICLE VII. — DE LA RÉPÉTITION ET DE LA SUPPRESSION DE CERTAINES NOTES
DANS LES ACCORDS.

On peut, dans l'emploi des accords, répéter une ou plusieurs de leurs notes, comm
aussi l'on peut en supprimer une ou même deux, en doublant les autres. La note qu
l'on double de préférence, c'est la fondamentale, puis la quinte, et plus rarement l
tierce ; celle qui se retranche le mieux est la quinte, puis la fondamentale. On ne doi
point supprimer la tierce.

Lorsqu'on accompagne un chant à quatre parties, on double l'une des trois notes
ce qui en donne quatre pour chaque accord, y compris celle du chant ; ou bien o
supprime une des notes et on double les deux autres.

EXEMPLE D'UN CHANT A QUATRE PARTIES, POUR LES NOTES DOUBLÉES.

ARTICLE VIII. — SUCCESSION DES QUINTES ET DES OCTAVES.

Il n'est pas permis, dans l'harmonie, de faire entendre de suite deux quintes n
deux octaves, surtout quand les parties ont un mouvement semblable, c'est-à-dire
quand elles montent ou quand elles descendent ensemble. On tolère ces quintes o
ces octaves successives, lorsque les parties marchent par mouvement contraire, e
d'autres termes, lorsque l'une montant, l'autre descend, ou réciproquement.

SUCCESSION DES QUINTES ET DES OCTAVES.

Les quintes et les octaves consécutives peuvent se trouver : 1° entre la partie supérieure et la basse; 2° entre la partie supérieure et une partie intermédiaire; 3° entre une partie intermédiaire et la basse.

Il est de toute nécessité, pour appliquer les moyens que nous allons donner afin d'éviter les quintes et les octaves consécutives, de se rendre compte des intervalles que forme chaque note de la partie supérieure avec chacune des notes de la basse.

Lorsqu'une note subordonnée est accompagnée par sa quinte inférieure, la note qui la suit doit être accompagnée par sa tierce ou par son octave :

Lorsque la note subordonnée est accompagnée par son octave, la note qui la suit doit être accompagnée par sa tierce ou par sa quinte :

Lorsque la dernière note d'un mot est accompagnée par sa quinte inférieure, il faut accompagner la première note du mot suivant par son octave ou par sa tierce, ce qui oblige quelquefois de changer le ton de ce mot :

Lorsque la dernière note d'un mot est accompagnée par son octave inférieure, il faut accompagner la première note du mot suivant par sa tierce ou par sa quinte :

Ce que nous venons de dire s'applique aussi aux notes isolées. Toutes les fois que l'on fait deux tierces de suite entre la partie supérieure et la basse, il existe deux quintes et deux octaves consécutives entre les parties intermédiaires et cette basse. (Nous supposons ici que les accords sont fondamentaux.) Si les deux tierces procèdent par mouvement ascendant, comme :

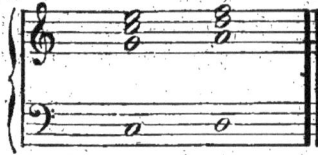

on évite les quintes et les octaves, 1° en supprimant la troisième partie du premier accord, c'est-à-dire, la partie la plus grave au-dessus de la basse :

2° en faisant doubler la partie supérieure du second accord par la troisième partie :

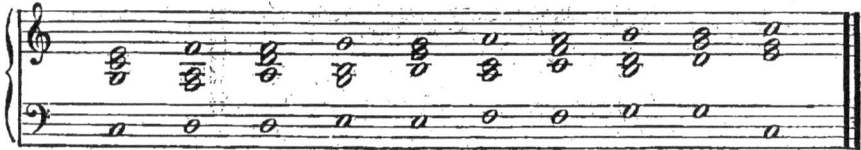

Lorsque les deux tierces procèdent par mouvement descendant, on évite les deux quintes et les deux octaves consécutives en faisant doubler la partie supérieure du premier accord par la troisième partie :

Ou bien (ce qui est plus facile) en supprimant la troisième partie du second accord

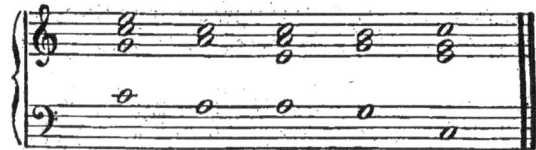

Lorsqu'une note est accompagnée par l'accord de sa quinte inférieure (que cet accord soit direct ou renversé), il existe une quinte entre la partie supérieure et la troisième partie ; d'où il résulte que deux notes successives accompagnées par l'accord de leur quinte inférieure donnent deux quintes de suite entre la partie supérieure

et la basse, si les accords sont directs, ou deux quintes entre la partie supérieure
et la troisième partie, si les accords sont renversés, ou l'un d'eux seulement:

Pour éviter les deux quintes entre la partie supérieure et la troisième partie, il faut
lorsque la partie supérieure procède par mouvement ascendant, faire doubler cette
partie supérieure par la troisième partie du second accord :

Lorsque la partie supérieure procède par mouvement descendant, il faut faire doubler cette partie supérieure par la troisième partie du premier accord :

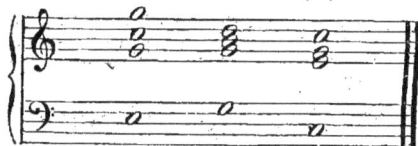

ARTICLE IX. — DES CADENCES.

On appelle *cadences*, dans l'harmonie, les différentes manières de terminer un
morceau de chant, et de faire les repos intermédiaires. Il y en a trois principales, que
voici: on termine un morceau ou bien une phrase de chant par l'accord de la tonique
précédé de celui de la dominante, ou par le même accord de tonique précédé de celui
de la sous-dominante, ou enfin par l'accord de la dominante précédé de celui de la
sous-dominante. On a coutume d'appeler la première manière de faire un repos,
cadence parfaite ; la deuxième, cadence plagale ; et la troisième, demi-cadence ou
cadence de suspension.

Dans la cadence parfaite et dans la cadence plagale, l'accord de la tonique peut être
employé dans son premier renversement, et alors ce n'est plus qu'une cadence faible,
qu'on peut appeler intermédiaire, parce qu'elle ne s'emploie qu'à des repos faibles
dans le cours d'un morceau. Dans la demi-cadence, on n'emploie que bien rarement le
premier renversement de l'accord de la dominante.

Tout repos final, dans un morceau d'harmonie, doit se faire par une cadence parfaite, ou au moins par une cadence plagale. Nous verrons néanmoins des exceptions
à cette règle dans les morceaux du troisième et du quatrième mode du plain-chant.
Quant aux repos intermédiaires qu'on rencontre dans le cours d'un chant, ils se font
ou par l'une des deux cadences précédentes, ou par la demi-cadence, ou enfin par la
cadence intermédiaire.

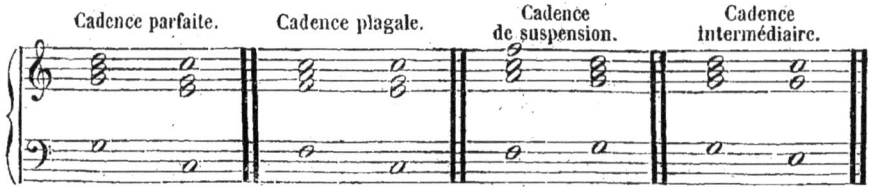

Cadence parfaite. — Cadence plagale. — Cadence de suspension. — Cadence intermédiaire.

Nous ne pouvons aller plus loin sans parler d'une espèce de mots mélodiques qui donne lieu à un mot harmonique, et dont nous n'avons rien dit jusqu'ici, de crainte d'effrayer nos lecteurs en leur présentant trop de choses à la fois. D'ailleurs, arrivé où nous sommes, nous serons mieux compris.

Nous avons distingué précédemment deux sortes de notes subordonnées : les subordonnées de première classe qui appartiennent à l'accord de la dominante, et les subordonnées de seconde classe qui forment l'accord de la sous-dominante. Nous avons dit en outre que la tonique et la dominante peuvent devenir subordonnées accidentellement, et, dans ce cas, la dominante est subordonnée de première classe, et la tonique subordonnée de seconde classe. Nous ajoutons que l'accord de la sous-dominante peut être suivi de celui de la dominante, et lié avec lui de manière à former un mot harmonique ; par conséquent les subordonnées de seconde classe peuvent être combinées avec celles de première classe, et former ainsi des mots mélodiques qui donneront lieu à ce nouveau mot harmonique.

Afin de bien distinguer ces nouveaux mots mélodiques de ceux dont nous avons parlé auparavant, nous appellerons *mots mélodiques de premier ordre* les mots de deux notes dont la dernière est une principale ; et *mots mélodiques de second ordre* ceux qui ont pour dernière note une des subordonnées de première classe. Les mots mélodiques du premier ordre sont de trois espèces : les mots de tonique, les mots de médiante et les mots de dominante, comme on l'a vu précédemment. Les mots mélodiques du second ordre ont également trois espèces : les mots de dominante, les mots de septième note et ceux de deuxième note, suivant que la dernière note de ces mots est la dominante, ou la septième, ou la deuxième note d'un ton. Les mots harmoniques correspondants forment aussi deux ordres ; le premier qui comprend les mots terminés par l'accord de la tonique, se divise en deux espèces selon que ces mots ont pour premier accord l'accord de la dominante ou celui de la sous-dominante ; le second ordre ne renferme qu'une espèce, parce que l'accord de la dominante y est toujours précédé de celui de la sous-dominante.

Afin de nous faire mieux comprendre, nous allons donner la liste de tous les mots mélodiques du second ordre en *ut* majeur et en *la* mineur.

$$
\text{En } ut \text{ majeur}
\begin{cases}
Fa\text{-}sol & - & la\text{-}sol & - & ut\text{-}sol. \\
Fa\text{-}si & - & la\text{-}si & - & ut\text{-}si. \\
Fa\text{-}ré & - & la\text{-}ré & - & ut\text{-}ré.
\end{cases}
$$

$$
\text{En } la \text{ mineur}
\begin{cases}
Ré\text{-}mi & - & fa\text{-}mi & - & la\text{-}mi. \\
Ré\text{-}sol\sharp & - & fa\text{-}sol\sharp & - & la\text{-}sol\sharp. \\
Ré\text{-}si & - & fa\text{-}si & - & la\text{-}si.
\end{cases}
$$

En représentant les notes par des chiffres, nous aurons l'expression générale de ces mots pour tous les tons, telle que l'offre le tableau suivant :

$$4\text{-}5' \longrightarrow 6\text{-}5' \longrightarrow 1'\text{-}5'.$$
$$4\text{-}7 \longrightarrow 6\text{-}7 \longrightarrow 1'\text{-}7.$$
$$4\text{-}2 \longrightarrow 6\text{-}2 \longrightarrow 1'\text{-}2.$$

En *ul* majeur.

En *la* mineur.

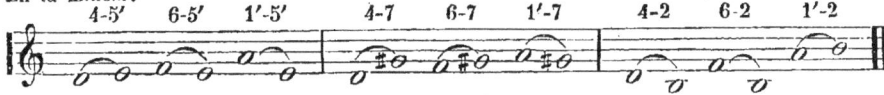

On voit, par ce qui précède, que les différentes cadences ne sont pas autre chose que les mots harmoniques auxquels nous conduisent les mots mélodiques, tels que nous les concevons. En résumé, il y a trois mots harmoniques, comme il y a trois cadences principales. Nous pourrions, pour plus de facilité, désigner ces trois mots par leur rang d'importance, en appelant premier mot harmonique celui qui est formé de l'accord de la dominante et de celui de la tonique, et qui forme la cadence parfaite ; second mot harmonique, celui qui est formé de l'accord de la sous-dominante et de celui de la tonique, et qui correspond à la cadence plagale ; enfin, troisième mot harmonique, celui qui se compose de l'accord de la sous-dominante et de celui de la dominante, et qui donne la demi-cadence.

MOTS DE SECONDE MAJEURE *ascendante.*
Cadence à la dominante.

MOTS DE SECONDE MAJEURE *descendante.*
Cadence à la dominante.

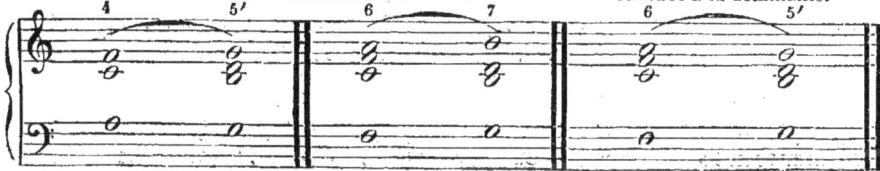

MOTS DE SECONDE MINEURE *descendante.*
Cadence à la dominante.

MOTS DE TIERCE MINEURE *descendante.*
Cadence à la dominante.

MOTS DE QUINTE JUSTE *descendante.*
Cadence à la dominante.

Nous allons terminer cet article par une observation relative à l'emploi du second renversement des accords. Dans la musique, on l'emploie assez souvent ; mais, dans l'accompagnement du plain-chant, il ne doit guère paraître que pour annoncer une cadence. Lorsqu'un morceau de chant se termine par le premier mot harmonique précédé du second, on peut employer dans celui-ci le deuxième renversement de l'accord de la tonique. On peut en faire autant, dans le cours d'un morceau, à la fin d'une phrase de chant, lorsque les mots harmoniques se présentent dans l'ordre convenable.

EMPLOI DE L'ACCORD DE QUARTE ET SIXTE.

(*)

ARTICLE X. — DE LA MARCHE DE LA BASSE.

Dans l'harmonie, la partie la plus basse doit avoir une bonne marche. Pour cela elle doit éviter les intervalles trop grands (l'octave exceptée), comme ceux de neuvième, de septième et même de sixte, surtout de sixte majeure, l'intervalle de tierce étant généralement préférable à celui de sixte. Elle doit également éviter tous les intervalles appelés intervalles augmentés ou diminués.

Le chant et la basse peuvent marcher par mouvement semblable, par mouvement oblique, ou par mouvement contraire. Ce dernier est de beaucoup préférable et doit être employé autant que possible. Le mouvement semblable est défendu entre deux parties qui font des quintes ou des octaves consécutives.

La basse doit, en outre, éviter la monotonie et être chantante, autant qu'il est possible. Dans l'accompagnement du plain-chant, on ne peut remplir cette condition que par des modulations nombreuses et bien conduites. Lorsqu'on est obligé de rester un certain temps dans un même ton, on évite la répétition des mêmes notes à la basse par le renversement de quelques accords. Toutefois, il ne faut pas abuser de ce moyen; l'accord direct ayant quelque chose de plus solennel et de plus satisfaisant que tout accord renversé, doit être généralement préféré.

Mauvais, à cause de la monotonie.　　Bon, à cause de la variété.

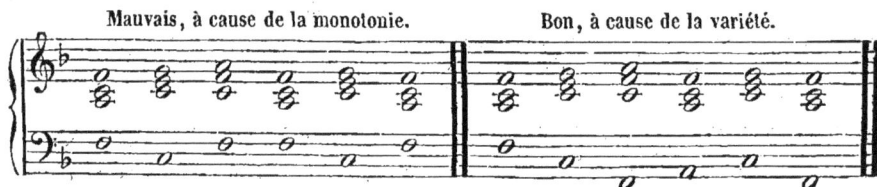

CHAPITRE III.

DES MODULATIONS.

ARTICLE Iᵉʳ. — DÉFINITIONS ET NOTIONS PRÉLIMINAIRES.

Moduler, c'est passer d'un ton dans un autre, ou seulement changer de mode. Ainsi l'on module quand on passe d'un ton majeur dans un autre ton majeur, ou

(*) Accord de quarte et sixte, ou second renversement de l'accord de la tonique.

dans un ton mineur, et aussi quand on va du ton majeur d'une note dans le ton mineur de la même note, comme d'*ut* majeur en *ut* mineur.

On sait que chaque ton majeur a son relatif mineur, et réciproquement.

Un ton est voisin d'un autre quand il n'en diffère que par une note, ou, en d'autres
termes, par un signe d'altération placé à la clef. (Le dièse accidentel que prend parfois
la septième note d'un ton mineur ne compte pas ici.) La note par laquelle un ton
se distingue d'un autre est la note caractéristique de ce ton. Ainsi, en comparant le
ton de *sol* majeur à celui d'*ut* majeur, sa note caractéristique est le *fa*, qui, dans le
ton de *sol* majeur, doit avoir un dièse.

Chaque ton a quatre autres tons qui lui sont voisins : le ton de sa dominante, celui
de sa sous-dominante et leurs relatifs. Par exemple, le ton d'*ut* a pour voisins le ton
de *sol* majeur, celui de *fa* majeur, et leurs relatifs *ré* mineur et *mi* mineur.

Quand un ton est majeur, ceux de sa dominante et de sa sous-dominante sont également majeurs; et, quand il est mineur, les tons de sa dominante et de sa sous-dominante le sont aussi.

Lorsque le ton primitif est majeur, de ses quatre tons voisins celui de la dominante
tient le premier rang ; celui de la sous-dominante occupe le second ; vient ensuite le
ton relatif de la sous-dominante, et enfin le ton relatif de la dominante, qui, ainsi,
tient le dernier rang. Lorsque le ton primitif est mineur, son ton le plus voisin est le
ton de la quatrième note, puis celui de la sixième qui est le relatif de celui de la quatrième ; vient ensuite le ton de sa septième note, et enfin celui de sa dominante, ton
relatif du précédent.

On appelle *tons éloignés*, tous les tons qui diffèrent d'un autre ton par plusieurs
notes ou plusieurs signes placés à la clef, comme deux dièses ou deux bémols; ou
bien par des signes d'espèce différente, comme un dièse et un bémol. Ainsi le ton de
ré majeur est éloigné du ton d'*ut* majeur ; le ton de *sol* majeur est éloigné de celui de
fa majeur. Toutefois quand deux tons éloignés sont voisins du ton primitif d'un
morceau, on peut passer de l'un à l'autre, même sans intermédiaire.

Quand deux tons sont éloignés, le ton ou les tons qui se trouvent entre l'un et
l'autre se nomment *tons intermédiaires*. Le ton d'*ut* est intermédiaire entre le ton
de *sol* majeur et celui de *fa* majeur.

On distingue les modulations *mélodiques* et les modulations *harmoniques*. La mélodie
change de ton ou module lorsque, dans le courant d'un morceau de chant, il se rencontre quelque note étrangère au ton du morceau. L'harmonie module quand elle
fait entendre quelque accord différent de ceux qui sont propres au ton du morceau.

En *ré* mineur.　　　　En *la* mineur.

Cette modulation est amenée
par le *si* ♮.

En *ré* mineur.

Nous distinguerons deux sortes de modulations harmoniques : les modulations nécessaires, et les modulations libres.

L'harmonie doit moduler quand le chant lui-même module, et quand il fait un repos sur la quatrième ou sur la sixième note du ton, c'est-à-dire sur les subordonnées de deuxième classe, tout repos devant se faire sur un accord de tonique ou au moins de dominante, et conséquemment sur une note principale, ou au moins sur l'une des subordonnées de première classe. En dehors de ces conditions, et d'une autre que nous indiquerons plus tard, l'harmonie peut encore moduler, et c'est ce genre de modulations que nous appelons modulations *libres*. Régulièrement, ces dernières modulations ne doivent se faire que dans le ton relatif et dans les tons voisins, et surtout dans les plus voisins. Mais on peut passer indistinctement de l'un à l'autre, sans passer par le ton primitif.

Un ton majeur peut moduler dans les tons naturels de toutes ses notes, excepté la septième ; et un ton mineur peut moduler dans les tons naturels de toutes ses notes, excepté la deuxième. Nous n'exceptons pas la septième note des tons mineurs, quand elle ne prend pas le signe accidentel. Nous devons ajouter que nous entendons ici par tons naturels ceux dont l'accord de tonique ne renferme aucune note étrangère au ton primitif d'où partent les modulations.

Nous pouvons encore énoncer la règle précédente en d'autres termes, et dire : un ton majeur peut moduler dans les tons de ses notes principales et dans ceux de ses notes subordonnées, excepté la septième ; et un ton mineur peut moduler dans les tons de ses notes principales et dans ceux de ses notes subordonnées, excepté la deuxième.

SUCCESSION DE MOTS DE SECONDE ASCENDANTE

modulant dans tous les tons voisins, en partant du ton de UT *majeur.*

tonique. sous-d. ton. sous-d. ton. dom. ton. sous-d. ton. sous-d. ton. sous-d. ton. dom. ton.

SUCCESSION DESCENDANTE DE SECONDE EN *UT* MAJEUR.

ton. sous-d. ton. sous-d. ton. sous-d. ton. sous-d. ton. sous-d. ton. dom. ton.

AUTRE ACCOMPAGNEMENT.

ton. sous-d. ton. dom. ton. dom. ton. sous-d. ton. dom. ton. dom. ton. dom. ton.

ton. sous-d. ton. dom. ton. sous-d. ton. dom. ton. sous-d. ton. dom. ton. dom. ton.

MODULATIONS DANS LES TONS VOISINS DE *RÉ* MINEUR.

REMARQUE. Dans toute modulation, il faut éviter avec soin les *fausses relations*. On sait que tout accord de dominante étant un accord majeur, il faut, par suite, hausser d'un demi-ton, à l'aide du dièse, la seconde note d'un tel accord, lorsque sans cela elle ferait une tierce mineure avec la note fondamentale. Si cette seconde note se trouve dans le chant, sans altération, à la distance d'un ou de deux accords, et qu'on l'accompagne par sa tierce inférieure, il y a fausse relation entre la note altérée et cette même note non altérée. Par exemple, si le chant renferme un *ut*, et qu'on fasse entendre d'abord l'accord majeur de *la*, qui demande un *ut* dièse, puis l'accord mineur de cette même note *la* renfermant cet *ut* du chant, il y aura fausse relation entre l'*ut* dièse et l'*ut* naturel. Nous ne reconnaissons pas d'autres cas de fausse relation.

EXEMPLE DE FAUSSE RELATION.

Mauvais. Bon.

ARTICLE II. — DE L'ANALYSE DES NOTES D'UN CHANT.

MÉTHODE GÉNÉRALE ET SES MODIFICATIONS.

Analyser un chant, c'est en distinguer les notes principales et les notes subordonnées, puis grouper celles-ci avec les premières autant que possible, pour en faire des mots mélodiques. Une note subordonnée ne peut être groupée qu'avec une principale qui la suive immédiatement. Dans un chant, une note subordonnée n'est pas toujours suivie d'une principale, et une note principale n'est pas non plus toujours précédée d'une subordonnée. On rencontre même assez souvent plusieurs principales ou plusieurs subordonnées de suite. Nous appelons *note isolée* toute note subordonnée qui n'est pas suivie d'une principale, et toute note principale qui n'est pas précédée d'une subordonnée. Ainsi, l'analyse aura pour résultat de donner des notes isolées, et des groupes de deux notes, quelquefois même de trois.

Quand donc on veut faire l'analyse d'un chant donné, on voit d'abord quel en est le ton ; par suite, quelles sont ses notes principales et ses notes subordonnées ; puis, en parcourant les notes depuis la première jusqu'à la dernière, on groupe avec les notes principales toutes les subordonnées qui les précèdent immédiatement, et l'on regarde comme notes isolées toutes les notes, soit subordonnées soit principales, qui n'ont pu entrer dans un groupe. Cette marche de l'analyse est quelquefois interrompue et modifiée tantôt forcément et tantôt librement. On est obligé de la modifier, quand on rencontre dans le chant une note étrangère au ton primitif ou un repos sur une de ses subordonnées de seconde classe. On peut la modifier librement en groupant les tierces dans un même mot, ou bien en groupant les notes isolées qui se suivent, ou bien enfin en changeant les subordonnées en notes principales. Ces différentes modifications de l'analyse seront exposées en même temps que les modulations où elles conduisent.

ANALYSE DU PREMIER *KYRIE* DES DOUBLÉS.

Notes principales : *fa, la, ut.* — Notes subordonnées : *sol, si, ré, mi.*

ARTICLE III. — DE LA MANIÈRE DE FAIRE LES MODULATIONS DANS LE TON RELATIF ET DANS LES TONS VOISINS.

Rappelons d'abord que, dans les tons avec dièses, le dernier dièse, celui qui caractérise le ton, se trouve sur la septième note, dans le mode majeur, et sur la deuxième note dans le mode mineur, et que ces deux notes entrent dans l'accord de la dominante ; que, dans les tons avec bémols, le dernier bémol, qui est le signe caractéristique du ton, se place sur la quatrième note en mode majeur, et sur la sixième en mode mineur, deux notes qui appartiennent à l'accord de la sous-dominante. On sait que les tons mineurs peuvent en outre avoir un signe accidentel sur leur septième note.

Une modulation peut se faire sans aucune préparation par l'accord principal du nouveau ton ; mais il vaut mieux la faire par l'un de ses accords subordonnés suivi de l'accord de sa tonique ; et des deux accords subordonnés, il faut préférer, quand on le peut, celui qui renferme la note ceractéristiqne. On peut donc entrer dans un nouveau ton, soit quand on rencontre une de ses notes principales, soit quand il se présente une de ses notes subordonnées suivie de l'une de ses principales.

Une modulation doit finir par l'accord principal du ton, excepté quand on veut faire une cadence rompue, ce qui se pratique en faisant entendre, après un accord subordonné d'un ton, l'accord principal d'un autre ton.

Entrons maintenant dans quelques détails sur la manière de faire les modulations dans les différents cas qui peuvent se présenter.

ARTICLE IV. — MODULATIONS AMENÉES PAR LA RENCONTRE D'UNE NOTE ÉTRANGÈRE AU TON PRIMITIF.

Lorsqu'un chant change de ton, à cause d'une note qui lui est étrangère, l'harmonie doit moduler. Pour savoir dans quel ton il faut passer, on considère quelle est la note qui suit la note étrangère.

Si la note étrangère est suivie de sa seconde mineure ascendante, on groupe ces deux notes pour en faire un mot de médiante :

Si la note étrangère est suivie de sa seconde majeure descendante, on groupe les deux notes pour en faire un mot de tonique :

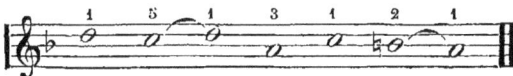

Si la note étrangère est suivie de sa tierce ascendante, cette note étrangère est isolée :

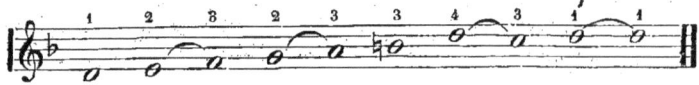

De même aussi, quand elle est suivie de sa tierce descendante :

Lorsque la note étrangère est suivie de sa quarte ascendante ou de sa quinte descendante, on peut la grouper avec cette dernière pour former un mot de dominante :

On peut aussi la considérer comme note isolée :

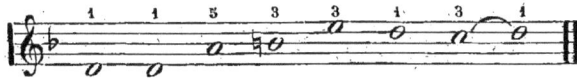

ANALYSE DU PREMIER *KYRIE* DES DOUBLES DE PREMIÈRE ET DE SECONDE CLASSE.

Chant en *ré* mineur.

ARTICLE V. — MODULATIONS AMENÉES PAR LES REPOS.

Lorsqu'un chant fait un repos sur une note subordonnée de *seconde classe*, on module, parce que tout repos doit se faire par un accord de tonique, ou au moins par un
accord de dominante. Une note faisant un repos doit donc toujours être regardée
comme tonique, ou comme médiante, ou comme dominante, ou au moins comme

(1) Les chiffres 3 et 5 placés, ici et ailleurs, au-dessous de quelques-uns des chiffres qui
désignent les mots mélodiques, indiquent que les notes correspondantes peuvent s'accompagner
par les accords de leurs tierces ou de leurs quintes inférieures, au lieu de s'accompagner par les
accords que demandent ces mots. Nous verrons plus tard la raison de cette manière d'accompagner.
(Chap. III, à l'observation de l'art. IX.)

deuxième ou comme septième note. Par suite de ce principe, il faut voir si la note de repos est une des principales ou bien une subordonnée de première classe du ton relatif ou du ton le plus voisin. Quand elle appartient aux deux, on choisit, et l'on forme un mot avec cette note et celle qui la précède; il ne reste qu'à lui donner les accords qui lui conviennent.

Gloria in Excelsis de la même messe.

ARTICLE VI. — MODULATIONS AMENÉES PAR LES QUARTES ET PAR LES QUINTES DESCENDANT SUR LA TONIQUE.

Lorsque, dans le chant, la dominante ou la sous-dominante descend à la tonique et forme un mot mélodique avec elle, on pourrait à la rigueur conserver ce mot et l'accompagner dans son ton, en renversant les deux accords, ou au moins l'un d'eux; mais il vaut mieux moduler, parce que le renversement d'un des accords, ou même des deux que l'on serait obligé d'employer pour éviter les octaves consécutives, ne serait pas ici d'un bon effet. La modulation peut se faire, soit en formant avec les deux notes un mot de médiante, soit en les regardant comme deux notes isolées, soit enfin en groupant la première avec la note qui la précède, ou la dernière avec celle qui la suit et en considérant l'autre comme note isolée. Nous allons dire bientôt comment s'accompagnent les notes isolées.

Lorsque la dominante ou la sous-dominante monte à la tonique, on peut plus facilement se dispenser de moduler, parce que le renversement des accords donne une basse satisfaisante.

QUATRIÈME NOTE DESCENDANT SUR LA TONIQUE.

DOMINANTE TOMBANT SUR LA TONIQUE.

ARTICLE VII. — MODULATIONS SUR LES NOTES ISOLÉES.

Nous avons vu précédemment comment l'analyse des notes d'un chant peut donner une ou plusieurs notes isolées de suite. Lorsqu'il ne s'en trouve qu'une, on peut faire une modulation sur cette note, en la transformant en une note principale, soit du ton relatif de celui qui précède, soit de son ton le plus voisin, selon que la note le permet. Quand il y a de suite deux notes isolées, on peut faire une modulation sur chacune, ou bien les grouper, s'il est possible d'en faire un mot appartenant au ton relatif ou à l'un des tons les plus voisins de celui qui précède. S'il y avait trois notes isolées se suivant, on pourrait conserver la première comme note isolée, et faire un mot des deux dernières, ou bien faire un mot des deux premières, et laisser la dernière à l'état de note isolée, et, par suite, faire deux modulations, l'une sur la note isolée et l'autre sur le groupe. Il est facile de voir ce qu'on pourrait faire dans le cas de quatre notes isolées ou d'un plus grand nombre; mais toujours à la condition de ne pas sortir du ton relatif et des tons voisins.

Remarque. Une note isolée ne pouvant s'accompagner que par l'accord de sa tierce inférieure, ou par celui de sa quinte inférieure, ou par celui de son octave inférieure, appartient nécessairement à l'un de ces trois tons. On peut choisir l'un ou l'autre, pourvu qu'il soit le ton relatif ou l'un des voisins du ton qui précède.

ACCOMPAGNEMENT DES NOTES ISOLÉES.

NOTES ISOLÉES POUVANT FORMER DES MOTS DE DEUX NOTES.

Premier ton *ré* mineur.

(Notes isolées groupées.)

ARTICLE VIII. — MODULATIONS SUR LES NOTES PRINCIPALES DU TON PRIMITIF FORMANT DES GROUPES AVEC LES NOTES SUBORDONNÉES.

Non seulement on peut moduler sur les notes isolées, comme nous venons de le voir, mais encore sur les principales groupées, en les prenant pour principales d'autres tons. Ainsi la tonique peut devenir médiante ou dominante; dans le premier cas, la modulation se fait dans le ton de sa tierce inférieure; et, dans le second, elle se fait dans celui de sa quinte inférieure. La médiante, à son tour, peut devenir tonique ou dominante d'autres tons; et la dominante peut se transformer en tonique ou en médiante. Toutes ces modulations ne sortent pas du ton relatif et des tons voisins de celui du morceau.

ARTICLE IX. — MODULATIONS SUR LES NOTES SUBORDONNÉES TRANSFORMÉES EN PRINCIPALES, ET SUR LES TIERCES TRANSFORMÉES EN MOTS.

Pour faire connaître ce nouveau moyen de modulation et les ressources qu'il offre, nous avons besoin d'indiquer auparavant deux nouvelles modifications qu'on peut admettre dans l'analyse des notes d'un morceau, et que nous avons annoncées précédemment sous la dénomination de modifications libres. On peut modifier la méthode générale d'analyse, 1° en prenant pour base les notes subordonnées qui conduisent à des tons voisins, ou seulement quelques unes d'entre elles; 2° en réunissant en un même mot les deux notes des intervalles de tierce qui se rencontrent.

Nous savons que chaque ton majeur a pour voisins, non seulement le ton de sa troisième et celui de sa cinquième note (qui sont les tons de ses notes principales), mais encore ceux de sa deuxième, de sa quatrième et de sa sixième note; et que chaque ton mineur a pour voisins, outre les tons de sa troisième et de sa cinquième note, ceux de sa quatrième, de sa sixième et de sa septième note prise dans son ton naturel, c'est-à-dire sans altération. On peut donc regarder ces notes comme principales de nouveaux tons, et modifier l'analyse en groupant les autres notes avec elles.

Ces modifications de l'analyse nous conduisent à de nouvelles modulations. Dans les tons majeurs, la sixième note peut devenir tonique, ou médiante, ou dominante; la quatrième peut devenir tonique ou médiante; enfin la deuxième peut devenir tonique ou dominante. Dans les tons mineurs, on peut prendre la septième note pour tonique, ou pour médiante, ou pour dominante; la sixième pour tonique ou pour médiante; et la quatrième pour tonique ou pour dominante.

On ne pourrait violer ces règles sans sortir des tons voisins du ton primitif du morceau. Nous n'avons pas besoin d'ajouter que ces modifications de l'analyse ne doivent être que passagères, et qu'il faut le plus ordinairement faire l'analyse suivant la méthode générale, en s'appuyant sur les notes principales.

Analyse d'un chant dont les notes subordonnées LA, UT, MI, FA *sont prises pour principale*
et les principales SOL, SI, RÉ *prises pour subordonnées.*

Enfin, l'analyse peut être modifiée par les tierces. Quand on rencontre dans u
chant une tierce ascendante ou descendante, on peut grouper ces deux notes pour e
faire un mot appartenant à un même ton, pourvu que ce ton ne soit pas éloigné d
ton primitif du morceau. Par suite, on aura un nouvel élément de modulation.

Une tierce ascendante peut donner une modulation dans le ton de la seconde not
ou dans celui de la première. Dans le premier cas, la seconde note sera tonique, et l
première sera sixième note; dans le second cas, la seconde note sera médiante, et l
première tonique subordonnée accidentellement pour former un mot avec la se
conde.

Une tierce descendante peut également donner lieu à deux modulations. La se
conde note peut être regardée comme médiante, et la première devient alors domi
nante subordonnée accidentellement; ou bien comme dominante, et alors la premièr
devient septième note. Dans tous ces cas, les deux notes de la tierce forment un mo
appartenant à un même ton.

MOTS DE TIERCE ASCENDANTE.

MOTS DE TIERCE DESCENDANTE.

On peut accompagner la première note d'un groupe dans le ton de ce groupe, et la seconde note dons un autre ton, ce qui donne une cadence rompue; ou bien, on peut accompagner la première note dans un autre ton, et la seconde dans le ton du groupe. C'est là un nouveau moyen de faire naître des modulations qu'on pourra employer.

ARTICLE X. — DE LA MANIÈRE DE FAIRE LES MODULATIONS DANS LES TONS ÉLOIGNÉS.

Comme le but que nous nous proposons dans ce Traité ne demande pas une connaissance étendue de ce genre de modulations, nous nous bornerons aux indications suivantes : on peut passer dans un ton éloigné brusquement, en faisant entendre l'accord ou les accords qui renferment les notes caractéristiques de ce ton ; mais il vaut mieux généralement le préparer, et, pour cela, faire entendre d'abord le ton intermédiaire ou les tons intermédiaires, s'il y en a plusieurs ; ou bien faire entendre un ou plusieurs accords communs aux deux tons, celui qu'on quitte et celui où l'on veut entrer, quand ils en ont.

Il est à remarquer qu'on peut, sans préparation, passer du ton majeur d'une note dans le ton mineur de la même note, ou de celui-ci dans le premier ; par exemple du ton d'*ut* majeur dans le ton d'*ut* mineur.

MODULATION ÉLOIGNÉE D'*UT* MAJEUR EN *LA* BÉMOL.

MODULATION PRÉPARÉE D'*UT* MAJEUR EN *RÉ* MAJEUR.

Nous terminerons ce chapitre en donnant l'analyse de la gamme, tant en montant qu'en descendant, et en faisant connaître la gamme harmonique, c'est-à-dire la manière dont on a coutume d'accompagner les notes de la gamme dans les deux modes majeur et mineur.

1° En montant, la première note est une note isolée; la deuxième et la troisième forment un mot, ainsi que la quatrième avec la cinquième; la sixième est isolée; la septième et la huitième forment un mot.

En descendant, la huitième note est isolée, ainsi que la septième; la sixième et la cinquième forment un mot; la quatrième et la troisième en forment un autre, et enfin la deuxième et la tonique donnent aussi un mot.

2° En montant, la tonique reçoit son accord; la deuxième note prend l'accord de la dominante, et la troisième celui de la tonique, la quatrième note prend son accord et la cinquième celui de la tonique; la sixième note reçoit l'accord de la quatrième note; la septième prend l'accord de la dominante; la huitième l'accord de la tonique.

En descendant, la huitième note prend son accord ou celui de sa tierce; la septième prend l'accord de la médiante; la sixième note prend l'accord de la quatrième, et la cinquième celui de la tonique; la quatrième prend son accord, et la troisième celui de la tonique; enfin, la deuxième reçoit l'accord de la dominante, et la tonique son propre accord.

Comme on le voit, la gamme harmonique se fait de la même manière dans les deux modes. Pour pouvoir accompagner facilement, il est important de bien savoir les gammes harmoniques, au moins celles des tons les plus usités.

GAMME EN *UT* MAJEUR.

GAMME EN *LA* MINEUR.

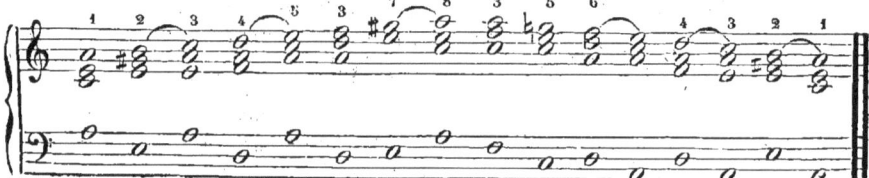

GAMME EN *SOL* MAJEUR.

GAMME EN *MI* MINEUR.

GAMME EN *FA* MAJEUR.

GAMME EN *RÉ* MINEUR.

AUTRE ACCOMPAGNEMENT EN *FA* MAJEUR.

AUTRE ACCOMPAGNEMENT EN *FA* MAJEUR.

6

AUTRE ACCOMPAGNEMENT EN *RÉ* MINEUR.

AUTRE.

CHAPITRE IV.

DU PLAIN-CHANT ET DE LA MANIERE DE L'ACCOMPAGNER.

ARTICLE Iᴱᴿ. — RAPPORTS DES MODES DU PLAIN-CHANT AVEC LES TONS DE LA MUSIQUE.

Il y a huit modes dans le plain-chant que l'on désigne ordinairement par le nom de *tons*; nous leur donnerons de préférence la dénomination de *modes*, afin qu'il n'y ait pas d'ambiguité dans l'emploi du mot ton, que nous réserverons exclusivement à la musique.

On doit savoir ce qui caractérise ces huit modes, quelles en sont les finales et les dominantes, et quelle différence existe entre les modes appelés *authentiques* et les modes *plagaux*. Nous renvoyons pour ces détails aux traités de plain-chant.

En comparant les modes du plain-chant à la tonalité de la musique, on y remarque en général une grande différence. Néanmoins il y a quelques modes du plain-chant qui se rapprochent de certains tons de la musique. Comme il est nécessaire, pour l'accompagnement du plain-chant, de rapporter chaque morceau, et même les différentes parties d'un même morceau, à quelque ton musical, l'harmonie ayant été faite pour la musique et non pour le plain-chant, nous allons indiquer brièvement à quels tons appartiennent, dans leur ensemble, les huit modes de plain-chant, et quelles sont les principales modulations qu'ils admettent.

1° Le premier mode du plain-chant a pour finale la note *ré*, et souvent il admet le *si* bémol; il se rapporte donc en général au ton de *ré* mineur. Comme on y rencontre assez souvent le *si* naturel, et que la septième note *ut* ne prend point le dièse, il module en *la* mineur dans le premier cas, et en *fa* majeur dans le second. Ses repos intermédiaires se font sur le *ré* ou sur le *fa* ou sur le *la*, qui sont les notes principales du ton de *ré* mineur; quelquefois aussi sur l'*ut*, qui est la médiante de *la* mineur et la dominante de *fa* majeur; enfin, mais rarement, sur le *mi*, dominante de *la* mineur, et sur le *sol*, après un *si* bémol, ce qui indique le ton de *sol* mineur. Le premier ton module donc principalement en *fa* majeur, relatif de *ré* mineur, en *la* mineur, en *sol* mineur et en *ut* majeur.

MORCEAU DU PREMIER MODE DU PLAIN-CHANT.

INTROIT DE LA FÊTE DE L'ASSOMPTION DE LA T.-S. VIERGE.

KYRIE DE LA MESSE DE DUMONT, DITE ROYALE.

AUTRE ANALYSE DU MÊME KYRIE DONT ON DEVRA TROUVER
L'ACCOMPAGNEMENT.

DERNIER KYRIE DE LA MÊME MESSE.

PASSAGE DU CREDO DE DUMONT, DIFFICILE A ACCOMPAGNER.

2° Le deuxième mode, qui est le mode correspondant au premier, ou son mode plagal, en diffère peu quant à la tonalité. Il est également en *ré* mineur. Ses repos intermédiaires se font non-seulement sur le *ré*, qui est sa finale, mais encore sur le *fa*, sur l'*ut*, plus rarement sur le *sol*. Il module donc en *fa* majeur, en *la* mineur, en *sol* mineur, et en *ut* majeur. Comme dans le premier mode, les notes étrangères au ton de *ré*, que l'on rencontre le plus ordinairement, sont le *si* naturel et l'*ut* naturel.

MORCEAU DU DEUXIÈME MODE DU PLAIN-CHANT.

INTROIT DE LA FÊTE DE LA CONCEPTION DE LA T. S. VIERGE (8 décembre).

HYMNE DU PREMIER DIMANCHE DE CARÊME.

Audi benigne Conditor.

(1) Remarquez l'accord mineur de la sous-dominante. On peut l'employer au lieu de son accord majeur quand la tierce de cet accord n'est pas dans le chant.

5° Le troisième mode a pour finale le *mi*, et l'*ut* pour dominante. Il appartient généralement au ton d'*ut* majeur; ses repos intermédiaires se font sur le *mi*, sur l'*ut*,
sur le *sol*, et même quelquefois sur le *si*. Ses modulations ordinaires sont donc en *la*
mineur et en *sol* majeur. Certains morceaux modulent en *ré* mineur et en *fa* majeur.
Dans quelques passages, le *si* devient bémol, et alors il module en *fa* majeur. La finale s'accompagne par l'accord majeur de *mi*, parce que le *mi* est considéré comme
la dominante du ton de *la* mineur.

MORCEAU DU TROISIÈME MODE DU PLAIN-CHANT.

INTROIT DE LA FÊTE DE S. PIERRE ET DE S. PAUL (29 juin).

4° Le quatrième mode, qui est le mode plagal du troisième, a aussi le *mi* pour finale. Comme sa dominante est *la*, on pourrait croire qu'il appartient généralemt au ton de *la* mineur; mais, si l'on considère la suite de ses notes, et ses repos intermédiaires, on reconnaîtra qu'il se rapproche davantage du ton de *ré* mineur. Outre le *mi*, ses repos intermédiaires se font sur le *ré*, sur le *fa*, sur le *la*, quelquefois aussi sur le *sol*. La finale doit être regardée comme dominante de *la* mineur, et, par conséquent, prendre l'accord majeur de *mi*, dominante de *la*.

MORCEAU DU QUATRIÈME MODE DU PLAIN-CHANT.

INTROIT DE LA FÊTE DE PAQUES.

6 5' 3 2 1 3 5 1 4 5' 2 3 2 2 1 3
1' 3 2 1 3 1 1' 3 5 4 3 5 5' 3
1' 3 2 3 2 1 5 7 8 5 5 6 8 2 3
1' 1 4 5 2 3 4 3 2 1 3 1 2 1 7 8
2 3 2 1 3 5 4 3 2 1 1 5' 3 4 5 5
4 5 6 5' 2 1 6 8 3 5' 3 1 6 5'

PREMIER VERSET DU *GLORIA IN EXCELSIS* DES FÊTES DOUBLES DE
1re ET DE 2de CLASSE.

5° Le cinquième mode a le *fa* pour finale. Il appartient au ton de *fa* majeur. Ses repos intermédiaires se font non seulement sur le *fa*, mais encore sur l'*ut*, quelquefois sur le *la*, et même sur le *sol*. Ses modulations se font en *ré* mineur, en *ut* majeur, et quelquefois même en *la* mineur, lorsque le *si* est naturel.

MORCEAU DU CINQUIEME MODE DU PLAIN-CHANT.

INTROIT DU NEUVIÈME DIMANCHE APRÈS LA PENTECOTE.

6° Le sixième mode, qui est le correspondant ou plagal du précédent, se termine aussi sur le *fa*. Ses repos intermédiaires se font sur le *fa*, quelquefois sur l'*ut*, sur le *sol* et sur le *la*. Sa modulation la plus fréquente est en *ut* majeur.

MORCEAU DU SIXIÈME MODE DU PLAIN-CHANT.

INTROIT DU DIMANCHE DE QUASIMODO.

7° Le septième mode a pour finale le *sol*, et pour dominante le *ré*, ce qui indique assez qu'il est ordinairement en *sol* majeur; mais, comme le *fa* ne prend pas le dièse, chaque fois que le chant monte à cette note, il module en *ré* mineur. Quand le chant descend au *fa* d'en bas, il module alors en *ut* majeur. Ses repos intermédiaires se font sur le *sol*, sur le *ré*, sur le *fa* et sur le *la*. Sa modulation la plus ordinaire est en *ré* mineur, modulation éloignée, il est vrai, mais qui se trouve dans le chant.

MORCEAU DU SEPTIÈME MODE DU PLAIN-CHANT.

INTRÖIT DE LA FÊTE DE L'ASCENSION DE NOTRE SEIGNEUR.

Viri Galilæi.

INTONATION.

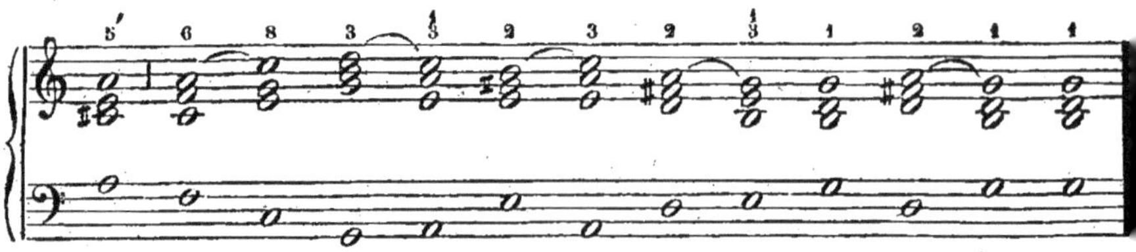

PASSAGE DIFFICILE DE LA MESSE DE LA TRÈS-SAINTE VIERGE.

Qui tollis.

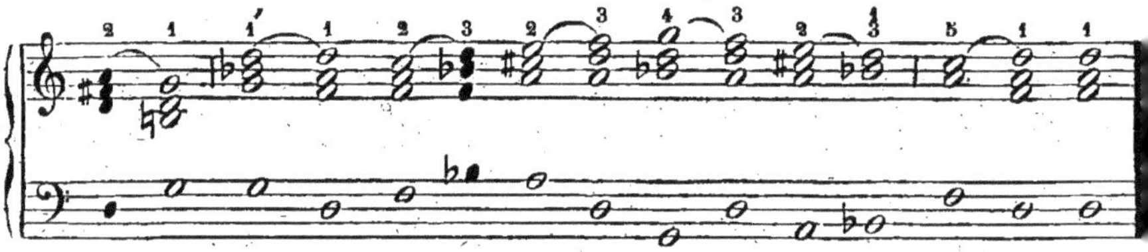

8° Enfin le huitième mode étant le plagal du septième a aussi le *sol* pour finale et, par suite, il est ordinairement en *sol* majeur. Comme ce mode descend jusqu' l'*ut*, et que le *fa* ne prend pas le dièse, il appartient aussi au ton d'*ut*, ou plutôt le morceaux du huitième mode doivent être classés dans le ton d'*ut*, et c'est dans ce ton qu'il faut en faire l'analyse.

MORCEAU DU HUITIÈME MODE DU PLAIN-CHANT.

INTROIT DE LA PENTECOTE.

Spiritus Domini.

INTONATION.

TROISIÈME *SANCTUS* DES FÊTES DOUBLES DE PREMIÈRE ET DE SECONDE CLASSE.

En résumé, les huit modes du plain-chant, à les considérer dans leur ensemble et dans leurs différents passages, peuvent se rapporter principalement à six tons : *ut* majeur et *la* mineur, *fa* majeur et *ré* mineur, *sol* majeur et *mi* mineur. D'après ce que nous venons de voir, l'un de ces tons domine dans chaque mode ; nous l'appellerons ton primitif ou principal du mode. Les autres en seront les tons accessoires.

ARTICLE II. — DE LA MANIÈRE D'ACCOMPAGNER LE PLAIN-CHANT PLACÉ A LA PARTIE SUPÉRIEURE.

Quand vous avez un morceau de plain-chant à accompagner, voyez d'abord à quel mode il appartient, et, par suite, quel est, d'après les notions exposées dans l'article précédent, le ton principal qui y règne.

Distinguez bien les notes principales et les notes subordonnées de ce ton, et faites l'analyse en prenant pour base les notes principales. Quand vous rencontrerez soit une note étrangère au ton principal, soit un repos sur l'une de ses subordonnées de seconde classe, soit une quarte ou une quinte descendant à la tonique, vous modifierez votre analyse d'après les règles qui ont été établies précédemment ; puis vous rentrerez dans le ton primitif du morceau, pour reprendre l'analyse d'après les notes principales.

Vous pourrez encore, de temps en temps, modifier votre analyse, soit en groupant dans un même mot les tierces et les notes isolées qui se rencontrent, soit en transformant les subordonnées du ton ou quelques unes d'entre elles, en notes principales.

En un mot, vous appliquerez avec soin au morceau donné les règles d'analyse que nous avons exposées précédemment, et qu'il est important de posséder à fond.

Après l'analyse faite, il ne restera plus qu'à accompagner chaque note isolée et chaque groupe selon les tons auxquels ils appartiennent, ou selon les règles de modulation que nous avons enseignées.

Pour le faire facilement, il est nécessaire de posséder à fond les gammes harmoniques de tous les tons qui se rencontrent dans le plain-chant, de savoir reconnaître promptement si un groupe est un mot de tonique, ou de médiante, ou de dominante, suivant l'intervalle que font ses deux notes ; et enfin, de se rappeler tout ce qui concerne les modulations nécessaires et les modulations libres. L'accompagnement d'un morceau de plain-chant n'est que l'application des principes que nous avons exposés dans les deux premiers chapitres.

Les psaumes, quand on veut les accompagner en faux-bourdon, suivent les mêmes règles. Nous ferons seulement observer que le même mode, dans la psalmodie, a le plus ordinairement plusieurs finales, et qu'il y a deux repos à chaque verset, l'un au milieu, et l'autre à la fin. Chacun de ces repos demande une cadence sur la dernière note, qui, par conséquent, doit être prise comme tonique, ou comme dominante, ou comme médiante, ou même comme deuxième ou septième note, et faire un mot, s'il est possible, avec la note qui précède. Ce sont les notes de repos qui indiquent, jusqu'à un certain point, l'une le ton de la première partie du verset, l'autre celui de la seconde, parce que chacune de ces parties doit être dans le même ton que la note qui la termine, ou au moins dans son ton relatif ou l'un de ses plus voisins. Certains modes des psaumes peuvent être accompagnés dans un seul et même ton; c'est lorsque les deux notes de repos sont deux notes principales d'un même ton.

OBSERVATION. — Le plain-chant étant fait pour être appliqué à des paroles, ses phrases doivent suivre le sens des paroles du morceau; par suite, il y a des repos, dans le chant, aux différents signes de la ponctuation, plus ou moins complets, suivant ces signes eux-mêmes; il y en a aussi, mais plus courts, à la fin des mots que le sens permet de séparer du mot suivant, lors même qu'il n'y a pas de signe de ponctuation. On peut bien respirer au milieu d'un mot, ou à la fin des mots unis par le sens; mais il n'y a pas là de repos proprement dit.

ARTICLE III. — DE LA MANIÈRE D'ACCOMPAGNER LE PLAIN-CHANT PLACÉ A LA BASSE.

Comme il est d'usage de placer par fois le plain-chant à la basse, quoique ce ne soit pas la place qui lui convienne, nous terminerons ce petit Traité en exposant brièvement les règles qu'on peut suivre dans ce cas.

NOTIONS PRÉLIMINAIRES.

§ 1ᵉʳ. — DE L'ACCORD DE QUINTE DIMINUÉE ET DES ACCORDS DE SEPTIÈME.

Outre les accords consonnants, dont nous avons parlé jusqu'ici, chaque ton de la musique possède plusieurs accords dissonants dont voici les principaux : l'accord de quinte diminuée, l'accord de septième de la dominante, l'accord de septième de la seconde note, l'accord de septième de la note sensible, et l'accord de septième diminuée.

1° L'accord de *septième de la dominante* se place sur la dominante, comme l'indique son nom. Il se compose de la dominante, qui en est la fondamentale, de la septième note de la gamme, de la deuxième et de la quatrième. En *ut*, par exemple, cet accord est *sol-si-ré-fa*. Il a trois renversements : le premier a lieu lorsque sa tierce est à la basse; le deuxième, lorsque c'est sa quinte; et le troisième, lorsque c'est sa septième qui se trouve à la basse.

Cet accord doit toujours être suivi de celui de la tonique (à moins qu'on ne veuille faire une cadence rompue), disposé de manière que la note sensible de l'accord de septième monte à la tonique, et que la quatrième note de ce même accord descende sur la médiante. C'est ce qu'on appelle résoudre l'accord de septième. Dans cette résolution, il y a, comme on le voit, deux notes de l'accord de septième qui ont une marche forcée.

Dans les divers renversements de cet accord, les trois notes supérieures peuvent prendre entre elles un arrangement quelconque.

On peut supprimer la note fondamentale ou la quinte de cet accord, mais non la septième, ni même la tierce. On peut doubler la fondamentale ou la quinte, mais jamais la septième.

ACCORD DE SEPTIÈME DOMINANTE ET SES RENVERSEMENTS.

ACCORD FONDAMENTAL.

On voit, d'après ces exemples, que la dominante, la septième note, la deuxième et la quatrième, suivies de la tonique ou de la médiante, peuvent recevoir l'accord de septième dominante. D'où il résulte que tous les mots de tonique et de médiante commençant par une de ces quatre notes subordonnées, peuvent s'accompagner par l'accord de septième dominante suivi de l'accord de tonique.

2° Quand on retranche la fondamentale de l'accord de septième de dominante, on obtient l'accord de *quinte diminuée* sur la note sensible, lequel accord est regardé comme dérivant de l'accord de septième de dominante; il se résout, comme lui, sur l'accord de la tonique et d'après les mêmes règles.

ACCORD DE QUINTE DIMINUÉE ET SES RENVERSEMENTS DANS LE MODE MAJEUR.

Deuxième renversement.

ou bien : ou bien encore : ou ou bien :

Dans le mode mineur, l'accord de quinte diminuée se pose sur la note sensible comme dans le mode majeur. Il se résout et s'emploie de la même manière que dans ce dernier.

Il se pose encore sur la deuxième note du mode mineur, et il se compose alors de la deuxième, de la quatrième et de la sixième note de la gamme de ce mode. Il se résout sur l'accord parfait de la dominante. Il peut donc accompagner la première note des mots suivants de suspension 2-5, 4-5 et 6-5.

ACCORD DE QUINTE DIMINUÉE PLACÉ SUR LA DEUXIÈME NOTE DANS LE MODE MINEUR.

Accord fondamental. *Premier renversement.* *Deuxième renversement.*

3° L'accord de *septième de la seconde note* se place sur la deuxième note d'une gamme, et se compose de la deuxième, de la quatrième, de la sixième et de la huitième note de cette gamme. Dans le ton d'*ut*, par exemple, cet accord est *ré-fa-la-ut*. Il a aussi trois renversements. Il fait sa résolution sur l'accord parfait de la dominante, ou même sur son accord de septième. Dans cette résolution, la septième de l'accord doit descendre sur la note sensible contenue dans l'accord suivant.

En outre, cet accord doit être préparé, ce qui s'exécute en faisant entendre une de ses notes dans l'accord qui précède. Par conséquent, cet accord doit être régulièrement précédé d'un accord contenant une de ses notes, et suivi de celui de la dominante.

Lorsque l'accord de septième de seconde est suivi de l'accord parfait de la dominante, il forme avec ce dernier un mot harmonique, lequel donne quatre mots mélodiques qui sont des *mots de suspension*, parce qu'ils se terminent par une des trois notes de l'accord parfait de dominante. Ces mots sont, dans le ton d'UT : *ré-sol*; *fa-sol; la-sol; ut-si*; et pour tous les tons : 2-5 ; 4-5 ; 6-5, et 8-7. D'où il suit que la première note des mots de quarte ascendante ou quinte descendante, de seconde majeure ascendante et descendante, et de seconde mineure descendante, peut recevoir l'accord de septième de seconde, et qu'on peut employer cet accord : 1° en chiffrant les mots de quarte ascendante 2-5 ; 2° en chiffrant les mots de seconde majeure ascendante 4-5 ; 3° en chiffrant les mots de seconde majeur descendante 6-5 ; 4° enfin, en chiffrant les mots de seconde mineure descendante 8-7.

ACCORD DE SEPTIÈME DE SECONDE ET SES RENVERSEMENTS.

Accord fondamental.

Premier renversement.   *Deuxième renversement.*

Troisième renversement.

4° L'accord de *septième de sensible* se pose sur la note sensible. Il se compose de la septième, de la deuxième, de la quatrième et de la sixième note d'une gamme majeure, et il fait sa résolution sur l'accord parfait de la tonique. La note sensible monte sur la tonique et la quatrième note descend sur la médiante.

Cet accord a trois renversements. Le premier et le deuxième font leur résolution sur le premier renversement de l'accord de tonique ; le troisième se résout sur l'accord direct de septième dominante. Ce troisième renversement n'est pas usité dans l'accompagnement du plain-chant.

ACCORD DE SEPTIÈME SENSIBLE ET SES RENVERSEMENTS.

Accord fondamental.   *Premier renversement.*

L'accord de *septième sensible* s'emploie :

1° Dans les mots de seconde mineure ascendante, que l'on chiffre 7-8.

2° Dans les mots de seconde majeure ascendante, que l'on chiffre 2-3.

3° Dans les mots de seconde mineure descendante, que l'on chiffre 4-3.

Dans le mode mineur, l'accord de septième sensible prend le nom d'accord de *septième diminuée* Il s'emploie de la même manière que dans le mode majeur.

On peut même employer l'accord de septième diminuée dans le mode majeur; il suffit pour cela de baisser la sixième note d'un demi-ton dans l'accord de septième sensible :

Cet accord est de beaucoup préférable à l'accord de septième sensible.

§ II. — DE L'ACCORD DE SIXTE AUGMENTÉE.

Il y a deux accords de *sixte augmentée*: l'accord de sixte augmentée avec quarte, et l'accord de sixte augmentée avec quinte juste. Ces deux accords ont pour note fondamentale la sixième note d'une gamme mineure, parce qu'ils ne s'emploient que dans ce mode.

L'accord de sixte augmentée avec quarte se compose de la sixième, de la première ou huitième, de la deuxième et de la quatrième note d'une gamme mineure. Cette quatrième note y est toujours altérée en montant, c'est-à-dire, élevée d'un demi-ton.

L'accord de sixte augmentée avec quinte se compose de la sixième, de la première ou huitième, de la troisième et de la quatrième note d'une gamme mineure. Cette quatrième note y est également toujours altérée en montant.

Les deux accords de sixte augmentée font leur résolution sur l'accord parfait de la dominante. Ils forment avec ce dernier deux mots harmoniques de suspension, contenant huit mots mélodiques dont quatre proviennent du premier mot harmonique, et quatre du second. Les quatre mots mélodiques provenant de l'accord de quarte et sixte augmentée suivi de l'accord parfait majeur de la dominante, sont en *la mineur*: *fa-mi; la-sol* ♯; *si-si;* et *ré* ♯*-mi.* Pour tous les tons: 6-5; 8-7♯; 2-2; et 4♯-5. Par conséquent, la première note des mots de seconde mineure descendante, des mots à l'unisson et des mots de seconde mineure ascendante, peut recevoir l'accord de quarte et sixte augmentée; mais il faut alors chiffrer ces mots ainsi qu'il suit : mots de seconde mineure descendante, 6-5 ou 8-7; mots à l'unisson, 2-2; mots de seconde mineure ascendante, 4♯-5.

Les mots provenant de l'accord de quinte et sixte augmentée suivi de l'accord parfait majeur de la dominante, sont en *la* mineur: *fa-mi; la-sol*♯; *ut-si; ré*♯*-mi.* Pour tous les tons: 6-5; 8-7♯; 3-2; 4♯-5. Et ainsi la première note des mots de seconde mineure descendante et de seconde mineure ascendante peut recevoir l'accord de quinte et sixte augmentée, pourvu que les mots de seconde mineure descendante soient chiffrés 6-5, ou 8-7, ou bien encore 3-2, et que les mots de seconde mineure ascendante soient chiffrés 4-5.

OBSERVATION. — Les deux accords de sixte augmentée ne s'emploient, dans l'accompagnement du plain-chant, que dans leur position fondamentale, et par suite on ne peut les appliquer qu'aux mots de seconde mineure descendante, que l'on chiffre 6-5.

Accord de quarte et sixte augmentée.   *Accord de quinte et sixte augmentée.*

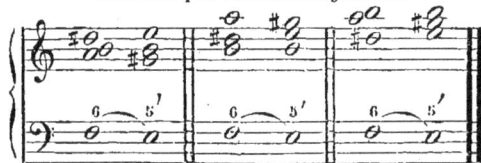

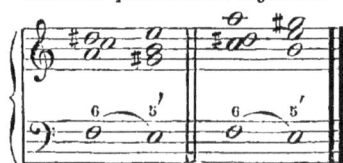

§ III. — FORMATION DE LA GAMME HARMONIQUE QUAND LE CHANT EST A LA BASSE.

Voici maintenant comment se fait d'ordinaire la gamme harmonique lorsque le chant est à la basse. En montant, la première note reçoit son accord, ou accord de tonique; la deuxième note reçoit l'accord de septième de la dominante; la troisième, prend l'accord de la tonique dans son premier renversement; la quatrième, prend l'accord de septième de la seconde note; la cinquième ou dominante reçoit son accord parfait; la sixième, reçoit l'accord de la sous-dominante dans son premier renversement; la septième, prend l'accord de septième de la dominante; enfin, la huitième note prend l'accord de la tonique,

En descendant, la huitième note prend son accord; la septième prend l'accord de la dominante. On module ordinairement sur la sixième note, pour éviter une trop longue suite d'accords consonnants, en passant dans le ton de la cinquième note. Par suite, la sixième note prend l'accord de septième de la dominante du nouveau ton, et la cinquième note, devenue tonique, prend son propre accord. Sur la quatrième note, on rentre dans le ton primitif, en lui donnant l'accord de septième de la dominante dans son troisième renversement; la troisième prend, comme en montant, l'accord de la tonique; la deuxième reçoit l'accord de septième de la dominante, et enfin l'on termine par l'accord parfait de la tonique. On ne module sur la sixième note que dans le mode majeur. En mineur, cette note prend l'accord de la quatrième ou bien l'accord de sixte augmentée.

GAMMES HARMONIQUES.

Première gamme en *ut* majeur.

Deuxième gamme en *ut* majeur.

Troisième gamme en *ut* majeur.

Première gamme en *la* mineur.

Deuxième gamme en *la* mineur.

Troisième gamme en *la* mineur.

Première gamme en *sol* majeur.

Deuxième gamme en *sol* majeur.

Troisième gamme en *sol* majeur.

Première gamme en *mi* mineur.

Deuxième gamme en *mi* mineur.

Troisième gamme en *mi* mineur.

Première gamme en *fa* majeur.

Deuxième gamme en *fa* majeur.

Troisième gamme en *fa* majeur.

Première gamme en *ré* mineur.

9

Deuxième gamme en *ré* mineur.

Troisième gamme en *ré* mineur.

RÈGLE ET EXEMPLES D'ACCOMPAGNEMENT.

Pour accompagner le plain-chant placé à la basse, on commence par faire l'analyse du morceau comme si l'on voulait l'accompagner à la partie supérieure, en ayant égard aux notes étrangères au ton primitif et aux notes de repos, non plus seulement quand ils se font sur les subordonnées de seconde classe, mais encore quand ils ont lieu sur la deuxième note du ton; on a aussi égard, si l'on veut, aux tierces et aux notes isolées pour en faire des mots, ainsi qu'aux notes subordonnées pour les convertir en notes principales.

Après l'analyse faite, on accompagne les notes qui restent isolées et les groupes qui ont été formés, selon les tons auxquels ils appartiennent et selon les modulations qu'il plaît d'admettre. On suit la règle de la gamme harmonique, qu'il faut par conséquent bien posséder dans les différents tons qui peuvent se présenter dans le plain-chant et que nous avons fait connaître.

Voulant être utile autant que possible, nous donnons ici, comme précédemment, dans leur entier, plusieurs morceaux de plain-chant que nous avons choisis avec soin.

Nous devons avertir que le mot formé par la quatrième note et la tonique, marqué 4-1, peut être conservé ici, comme on le verra.

PLAIN-CHANT DU PREMIER MODE.

Sacris solemniis.

PLAIN-CHANT DU DEUXIÈME MODE.

Audi, benigne Conditor.

PLAIN-CHANT DU TROISIÈME MODE.

Pange, lingua.

PLAIN-CHANT DU QUATRIÈME MODE.

Christum Regem adoremus.

INTONATION.

PLAIN-CHANT DU CINQUIÈME MODE.

Adoro te devote.

PLAIN-CHANT DU SIXIÈME MODE.

Regina cœli, lætare.

INTONATION.

PLAIN-CHANT DU SEPTIÈME MODE.

Asperges me, Domine.

INTONATION.

(1) Remarquez cet accord qui appartient au ton de *fa* mineur. En général, les accords subordonnés d'un ton majeur peuvent être remplacés par les accords analogues du même ton mineur.

PLAIN CHANT DU HUITIÈME MODE.

Veni, Creator Spiritus.

SUPPLÉMENT.

Sous ce titre, nous allons donner plusieurs morceaux de plain-chant choisis parmi ceux qui sont le plus en usage, mais en nous bornant à en indiquer l'analyse par des liaisons, et l'accompagnement par des chiffres seulement, afin de n'être pas trop long, et aussi pour habituer à cette manière simple de désigner les accords, parce qu'il est utile de se familiariser avec cette méthode qui peut épargner bien du travail. Nous donnerons des morceaux où le chant sera placé à la partie supérieure, et d'autres où il sera à la basse. Enfin, nous présenterons l'accompagnement des psaumes en faux-bourdon, dans les huit modes, en plaçant le chant à la haute.

CHANTS PLACÉS A LA PARTIE SUPÉRIEURE.

PLAIN-CHANT DU SIXIÈME MODE.

Ave, verum Corpus.

Cu-jus la - tus.

O Je-su dul - cis!

A - - - - - men.

PLAIN-CHANT DU CINQUIÈME MODE.

Adoro te devote.

PLAIN-CHANT DU SIXIÈME MODE.

Inviolata.

CHANTS PLACÉS A LA BASSE.

PLAIN-CHANT DU HUITIÈME MODE.

Verbum supernum.

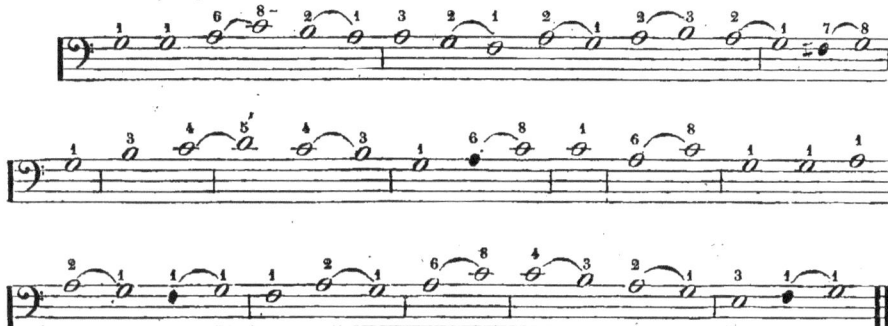

PLAIN-CHANT DU CINQUIÈME MODE.

Alma Redemptoris Mater.

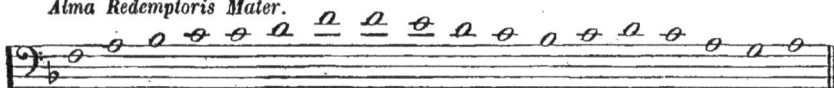

INTONATION.

10

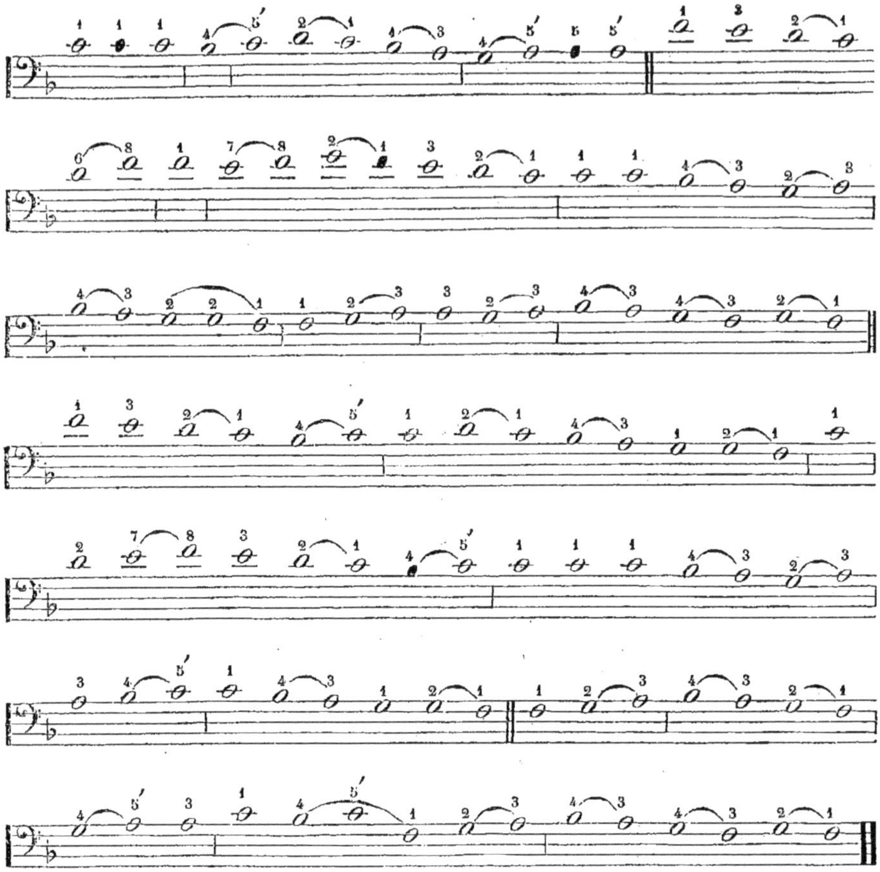

PLAIN-CHANT DU SIXIÈME MODE.

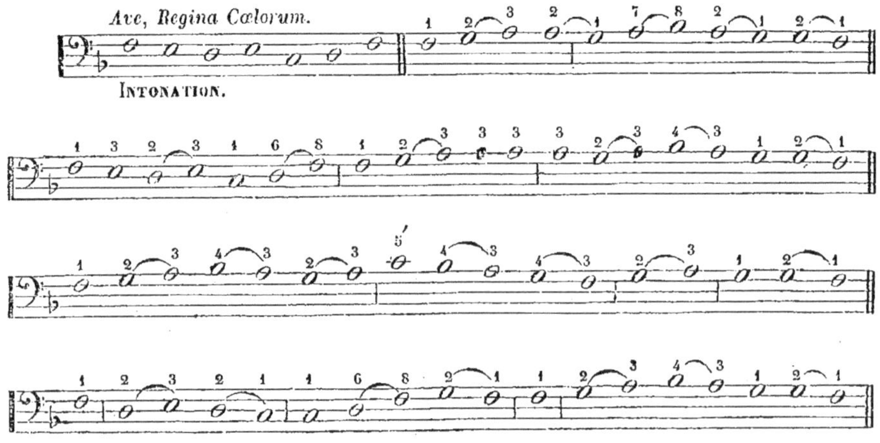
Ave, Regina Cœlorum.
Intonation.

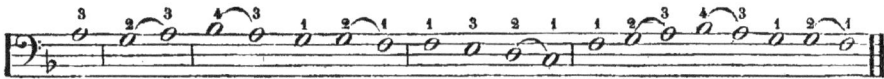

PLAIN-CHANT DU PREMIER MODE.

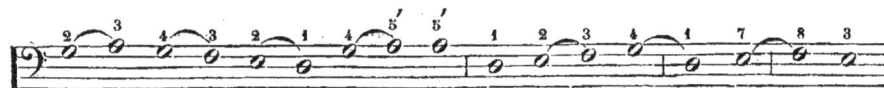

TONS DES PSAUMES.

ACCOMPAGNEMENT EN *FAUX-BOURDON*, LE CHANT ÉTANT PLACÉ A LA PARTIE SUPÉRIEURE.

PREMIER TON.

Di - xit, Do - mi - nus Do - mi - no me - o: Se - de a

dex - tris me - is - - - Se - de a dex - tris me - is

Se - de a dex - tris me - is - - In ex - i - tu Is - ra - el

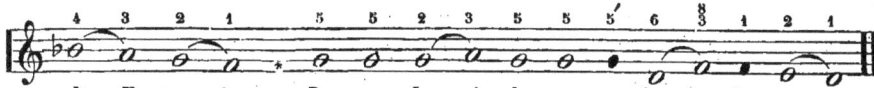

de Æ - gyp - to Do - mus Ja - cob de po - pu - lo bar - ba - ro.

DEUXIÈME TON.

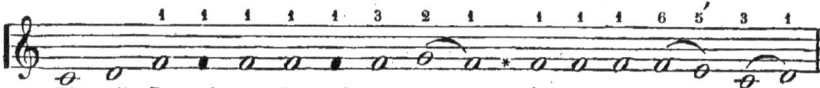

Di - xit Do - mi - nus Do - mi - no me - o: Se - de a dex - tris me - is.

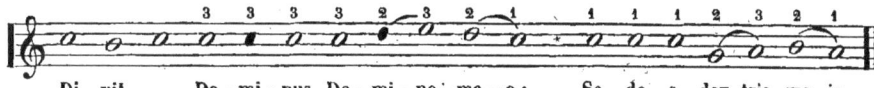

Di - xit Do - mi - nus Do - mi - no me - o: Se - de a dex - tris me - is.

TROISIÈME TON.

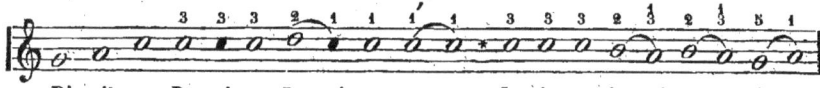

Di - xit Do - mi - nus Do - mi - no me - o: Se - de a dex - tris me - is.

Se - de a dex - tris me - is. Se - de a dex - tris me - is.

QUATRIÈME TON.

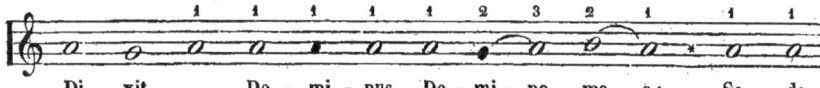

Di - xit Do - mi - nus Do - mi - no me - o: Se - de

a dex - tris me - is. Se - de a dex - tris me - is.

CINQUIÈME TON.

Di - xit Do - mi - nus Do - mi no me - o: Se - de a dex - tris me - is.

Di - xit Do - mi - nus Do - mi - no me - o : Se - de a dex - tris me - is.

SIXIÈME TON.

Di - xit Do - mi - nus Do - mi - no me - o : Se - de a dex - tris me - is.

Di - xit Do - mi - nus Do - mi - no me - o : Se - de a dex - tris me - is.

SEPTIÈME TON.

Di - xit Do - mi - nus Do - mi - no me - o : Se - de a dex - tris me - is.

Se - de a dex - tris me - is. Se - de a dex-

tris me - is. Se - de a dex - tris me - is.

HUITIÈME TON.

Di - xit Do - mi - nus Do - mi - no me - o : Se - de

a dex - tris me - is. Se - de a dex - tris me - is

ARTICLE IV. — AUTRE MANIÈRE D'ACCOMPAGNER LE PLAIN-CHANT.

Nous ne pouvons nous empêcher de parler ici d'une nouvelle manière d'accompagner le plain-chant, parce qu'elle est enseignée et recommandée par quelques organistes de réputation. On la trouve exposée dans plusieurs traités, qui renferment quelques bons principes, mais qui manquant de règles pratiques laissent trop d'incertitude sur le choix et l'emploi des accords propres à chaque note. Nous allons tâcher de suppléer à cette lacune, à l'aide de notre méthode d'analyse, et donner par là un nouvel exemple des ressources et des avantages qu'elle présente.

La méthode d'accompagner dont nous parlons place le chant à la partie haute; elle n'emploie que les accords consonnants et celui de quinte diminuée sur le *si*, quand il est suivi de l'*ut* ou du *la*, en mettant cet accord dans son premier renversement et le faisant suivre de l'accord d'*ut* ou de celui de *fa*; et elle a pour principe fondamental d'exclure des accords toute note étrangère au plain-chant. Elle n'admet en conséquence que les sept notes naturelles de la gamme, et le *si* bémol, mais seulement dans les morceaux où il se trouve. Par suite elle rejette l'emploi de l'accord de dominante dans les tons où cet accord a pour tierce une note sensible étrangère au plain-chant.

Voici la marche que nous conseillons de suivre pour accompagner selon cette méthode.

On fera l'analyse des notes du morceau de chant d'après les règles que nous avons enseignées, en ayant égard aux différents modes du plain-chant et aux circonstances qui s'y rencontrent, mais en usant des restrictions que nous allons indiquer. Observons d'abord que tous les morceaux du plain-chant et les différentes phrases qu'ils renferment, envisagés sous le rapport de la tonalité, peuvent être ramenés aux tons d'*ut* majeur, de *fa* majeur, de *sol* majeur, de *la* mineur et de *ré* mineur. Nous avons vu que, dans l'accompagnement, on passe aussi quelquefois dans les tons de *si* bémol majeur, de *sol* mineur et de *mi* mineur; mais c'est seulement pour accompagner certaines notes isolées; et par conséquent on n'emploie que les accords de tonique de ces tons et non les autres, jamais surtout ceux de dominante.

Cela posé, lorsque l'analyse sera en *ut* majeur ou en *fa* majeur, on formera et on chiffrera les mots comme à l'ordinaire, parce que, dans ces deux tons, les accords de dominante n'ont aucune note étrangère au plain-chant. Mais quand l'analyse se fera en *sol* majeur, ou en *la* mineur, ou en *ré* mineur, il n'en sera plus ainsi. On n'emploiera point alors les mots de second ordre, dont la dernière note prend l'accord de dominante (page 27), ni même les mots qui ont pour première note la cinquième note de la gamme prise comme note accidentellement subordonnée (p. 10 et 14). On n'emploiera par conséquent que les mots qui ont pour première note une subordonnée proprement dite et pour seconde une principale; et on chiffrera en conséquence (page 8 et 14). On sait que, parmi ces mots, les uns ont pour première note une subordonnée de première classe (2.1 — 2.3 — 2.5 — 7.1 — 7.3 — 7.5), et les autres une subordonnée de seconde classe (4.1 — 4.3 — 4.5 — 6.1 — 6.3 — 6.5). Voyons comment on pourra les accompagner dans les tons dont nous parlons. D'abord les mots 4 . 1 — 4 . 3 — 4 . 5 — 6 . 1 — 6 . 3 — 6 . 5 ne peuvent offrir aucune difficulté, excepté peut-être dans le ton de *ré* mineur, parce que l'accord de la sous-dominante de ce ton renferme un *si* bémol. Lorsque le morceau de chant, ou la phrase qu'on analysera en *ré* mineur, renfermera le *si* bémol, on accompagnera la quatrième note par son accord; dans le cas contraire, on l'accompagnera par l'accord de sa tierce ou de sa quinte inférieure. Dans ce même ton de *ré* mineur, les mots 6 . 1 — 6 . 3 — 6 . 5 ne pouvant être formés par l'analyse que dans le cas où le *si* est bémol, il ne peut y avoir de difficulté pour les accompagner quand ils se présentent.

En second lieu les mots 7 . 1 — 7 . 3 — 7 . 5 ne peuvent se présenter dans les tons dont il est question ici, parce que dans les morceaux de plain-chant qu'on peut rapporter à ces tons, la septième note n'est jamais sensible. Nous avons déjà vu du reste que leur septième note, lors même qu'elle est suivie d'une des principales, doit être regardée comme une note isolée, et prendre l'accord de sa quinte inférieure ou celui de son octave, au lieu de l'accord de sa tierce.

Enfin pour les mots 2 . 1 — 2 . 3 — 2 . 5, voici comment on les accompagnera. Comme on ne peut faire entendre, sur la première note de ces mots, un accord de dominante, qui, dans les tons dont il s'agit, renferme une note sensible étrangère au plain-chant, on accompagnera cette première note par l'accord de sa tierce inférieure, au lieu de celui de sa quinte.

Dans ces derniers mots et dans ceux qui sont formés par la septième note de la gamme suivie d'une principale, on pourra encore changer l'accord de la seconde note, en mettant à la place de l'accord de la tonique un des deux autres accords dont elle peut faire partie; et dans ce cas la première note de ces mots pourra prendre soit l'accord de sa tierce inférieure, soit celui de sa quinte, soit celui de son octave, pourvu qu'on évite l'accord majeur de la dominante du ton. Ainsi il y a deux manières d'accompagner ces mots : on peut changer seulement l'accord de la première note, ou bien changer à la fois l'accord de la seconde note et celui de la première, pourvu qu'on ne fasse pas entendre l'accord de dominante. Nous devons néanmoins faire une exception pour les mots de tonique; quand la tonique fait un repos, on doit toujours lui conserver son accord.

De quelque manière qu'on accompagne, on devra, selon les règles que nous avons établies ailleurs, n'employer que des accords voisins du ton principal du morceau, et même, autant que possible, les plus voisins; et de plus éviter avec soin les quintes et les octaves consécutives. On devra en outre, surtout quand le chant procède par quarte ou par quinte, prendre garde de faire marcher toutes les autres parties par un mouvement semblable à celui du chant. Il faut qu'une des parties au moins ait un mouvement différent de celui des autres; et c'est surtout le chant et la basse qu'on doit faire marcher, autant que possible, par mouvement contraire ou au moins par mouvement oblique. Si, dans certains cas, il n'était pas possible d'empêcher deux accords consécutifs de marcher par mouvement semblable, dans toutes leurs parties, il faudrait changer l'un de ces accords, afin d'éviter cet inconvénient.

Il nous reste à faire observer que le troisième et le quatrième mode du plain-chant se terminant par le *mi*, cette finale doit prendre son accord mineur, et non son accord majeur, qui renferme une note étrangère au plain-chant.

Donnons maintenant quelques exemples. Nous nous bornerons à y désigner les accords par des chiffres ; et chaque fois que nous rencontrerons les mots 2 . 1 — 2 . 3 — 2 . 5, dans les tons où l'emploi de l'accord de dominante est prohibé, nous écrirons au-dessous d'eux les chiffres qui indiquent comment on pourra les accompagner.

PREMIER KYRIE DES DOUBLES DE PREMIÈRE ET DE SECONDE CLASSE. — 1ᵉʳ MODE.

En *la* mineur.   En *ré* mineur.

ANTIENNE DE MAGNIFICAT. — (Fête de la Trinité.) — 4ᵉ MODE.

En *ré* mineur.   En *ré* mineur.

En *ré* mineur.

En *ut* majeur.

En *ré* mineur.

PREMIER DIMANCHE DE L'AVENT. — (Cinquième antienne de Vêpres.) — 4ᵉ MODE.

En *la* mineur.

En *ut* majeur.

11

FÊTE DE L'ÉPIPHANIE. — (Cinquième antienne de Vêpres.) — 7ᵉ MODE.

En *ut* majeur.

En *sol* majeur.

FÊTE DE L'ASCENSION. — (Deuxième antienne de Vêpres.) — 8ᵉ MODE.

En *fa* majeur.

En *la* mineur.   En *ut* majeur.

RÉSUMÉ.

Pour compléter notre ouvrage et rendre de plus en plus facile l'application des principes que nous y avons exposés, nous allons en présenter un résumé pratique et raisonné. Nous donnerons des exemples dans les huit modes du plain-chant, en ayant soin d'y introduire non seulement les difficultés qui se présentent d'ordinaire dans chacun d'eux, mais encore des difficultés qu'on n'y trouve point, et que nous avons choisies à dessein, pour mieux faire voir les ressources de notre méthode. Mais auparavant, qu'on nous permette de rappeler en peu de mots l'ensemble de nos principes, de présenter l'abrégé de tout notre système d'accompagnement. Le voici :

1° Dans chaque ton, il n'y a que trois accords parfaits qui lui soient propres : les accords de la tonique, de la dominante et de la sous-dominante. Le premier est l'accord principal du ton, et les deux autres lui sont subordonnés. D'un autre côté, l'accord de la sous-dominante est subordonné à celui de la dominante.

2° Les trois notes qui forment l'accord de la tonique, sont les notes principales du ton; toutes les autres notes leur sont subordonnées. Ces subordonnées sont de deux espèces. La deuxième et la septième note, qui appartiennent à l'accord de la dominante, sont les subordonnées de première classe; la quatrième et la sixième, qui font partie de l'accord de la sous-dominante, sont les subordonnées de seconde classe. Ainsi il y a dans chaque ton trois sortes de notes, comme il y a trois accords.

3° Toute note subordonnée, quand elle est suivie de l'une des principales, peut être groupée avec elle, et former ainsi ce que nous avons appelé un mot de deux notes. Si la subordonnée est une des subordonnées de première classe, elle s'accompagne par l'accord de la dominante, et si elle est une subordonnée de seconde classe, elle s'accompagne par l'accord de la sous-dominante; la note principale qui termine le mot, s'accompagne toujours par l'accord de la tonique du ton, à moins qu'on ne fasse quelque modulation. Ainsi ces mots mélodiques donnent lieu à deux groupes d'accords que nous appelons mots harmoniques.

La tonique et la dominante, en d'autres termes, la première et la cinquième note du ton, ne font pas seulement partie de l'accord principal; la première note appartient en outre à l'accord de la sous-dominante, et la cinquième, à celui de la dominante. Par suite ces deux notes peuvent être accidentellement subordonnées. La première note devient subordonnée, lorsque, dans le chant, elle n'est point groupée avec la note qui la précède, et qu'en outre elle se trouve suivie d'une des principales; de même la cinquième note devient subordonnée, lorsque n'étant point groupée avec la note précédente, elle est suivie d'une des principales. Dans ces deux cas, la première et la cinquième note forment des mots mélodiques avec la principale qui les suit.

D'un autre côté, les subordonnées de seconde classe, quand elles sont suivies de l'une des subordonnées de première classe, peuvent se grouper avec elle, et former ainsi des mots mélodiques que nous avons appelés mots de seconde ordre, pour les distinguer des mots qui se terminent par l'une des principales, et que nous désignons sous le nom de mots de premier ordre. Dans ces mots, la première note prend l'accord de la sous-dominante, et la dernière celui de la dominante. C'est là un nouveau mot harmonique, qui n'est, du reste, qu'un mot de suspension. Nous avons donc trois mots harmoniques, dont le premier est formé de l'accord de la dominante et de celui de la tonique ; le second, de l'accord de la sous-dominante et de celui de la tonique ; et le troisième, du même accord de la sous-dominante et de celui de la dominante.

Ces trois mots harmoniques dérivent de trois séries de mots mélodiques, dont la première renferme les mots mélodiques formés par une subordonnée de première classe avec une des principales ; la deuxième, les mots formés par une subordonnée de seconde classe également avec une des principales ; et la troisième, ceux que forment les subordonnées de seconde classe avec les subordonnées de première classe. Voici le tableau général de tous ces mots classés d'après l'espèce de notes qui les composent :

Première série :	$5'$. 1 —	$5'$. 3 —	$5'$. 5
	7 . 1 —	7 . 3 —	7 . 5
	2 . 1 —	2 . 3 —	2 . 5
Deuxième série :	4 . 1 —	4 . 3 —	4 . 5
	6 . 1 —	6 . 3 —	6 . 5
	$1'$. 1 —	$1'$. 3 —	$1'$. 5
Troisième série :	4 . $5'$ —	4 . 7 —	4 . 2
	6 . $5'$ —	6 . 7 —	6 . 2
	$1'$. $5'$ —	$1'$. 7 —	$1'$. 2

Nous nous empressons de faire observer que cet ordre, purement théorique, ne peut être d'une grande utilité dans la pratique. Il vaut mieux classer ces mots d'après l'espèce de notes qui les terminent, par conséquent en mots de tonique, de médiante et de dominante pour les deux premières séries ; et, pour la troisième, en mots de cinquième, de septième et de seconde note. On trouve tous ces mots en lisant de haut en bas le tableau qui précède. Tous les mots de tonique sont renfermés dans la première colonne des deux premières séries ; ceux de médiante, dans la seconde ; et ceux de dominante, dans la troisième. Les mots de cinquième note se trouvent dans la première colonne de la troisième série, ceux de septième note dans la seconde, et ceux de seconde note dans la troisième.

Il y a une autre classification qui offre quelque utilité et que nous allons donner. Elle consiste à classer les mots d'après les intervalles que font leurs deux notes, ce qui donne des mots de seconde mineure ascendante ou descendante, de seconde majeure ascendante ou descendante, de tierce, de quarte et de quinte ascendante ou descendante. Comme les demi-tons ne sont pas partout placés de la même manière dans la gamme majeure et dans la gamme mineure, deux notes portant les mêmes chiffres ne forment pas toujours le même intervalle dans les deux modes ; nous indiquerons cette particularité. En outre, un intervalle de quarte formant, quand il est renversé, un intervalle de quinte, et réciproquement, nous inscrirons deux fois les mots dont les notes forment ces intervalles, parce que, dans le chant, elles peuvent se présenter dans deux positions différentes. Nous ne ferons pas la même chose pour les mots dont les notes font un intervalle de tierce, parce que le renversement de cet intervalle, qui est une sixte, ne se rencontre pas ordinairement dans le plain-chant.

Mots de seconde mineure ascendante : 7 . 1 — 2 . 3 min.
Mots de seconde mineure descendante : 4 . 3 maj. — 1′ . 7 maj. — 6 . 5 min. — 6 . 5′ min.
Mots de seconde majeure ascendante : 2 . 3 maj. — 4 . 5 — 4 . 5′ — 6 . 7 — 1′ . 2
Mots de seconde majeure descendante : 2 . 1 — 6 . 5 maj. — 6 . 5′ maj. — 4 . 3 min.
Mots de tierce ascendante :   . . . 6 . 1 ou 6 . 8 — 1′ . 3
Mots de tierce descendante :   . . . 5′ . 3 — 7 . 5 — 4 . 2
Mots de quarte ascendante :   . . . 5′ . 1 — 7 . 3 — 6 . 2 — 2 . 5
    ou de quinte descendante : . . . 5′ . 1 — 7 . 3 — 6 . 2 — 2 . 5
Mots de quarte descendante :   . . . 4 . 1 — 6 . 3 — 1′ . 5 — 1′ . 5′
    ou de quinte ascendante :   . . . 4 . 1 — 6 . 3 — 1′ . 5 — 1′ . 5′
Deux mots dont les notes sont à
    l'unisson : . . . . 1′ . 1 — 5′ . 5

Ce tableau veut dire, en d'autres termes, qu'une seconde mineure ascendante donne un mot de tonique dans les deux modes, ou un mot de médiante dans le mode mineur ; qu'une seconde mineure descendante donne un mot de médiante ou un mot de septième note en majeur, et un mot de dominante ou bien de cinquième note, en mineur, etc.

En combinant les mots mélodiques de la troisième série du premier tableau avec chacune des principales, on forme tous les mots mélodiques de trois notes. Comme tous ces mots ne se rencontrent pas, surtout dans le plain-chant, nous allons, dans le tableau général que nous en présentons ici, souligner ceux qui s'y trouvent le plus ordinairement.

4 . 5′ . 1 — 4 . 5′ . 3 — 4 . 5′ . 5
4 . 7 . 1 — 4 . 7 . 3 — 4 . 7 . 5
4 . 2 . 1 — 4 . 2 . 3 — 4 . 2 . 5
6 . 5′ . 1 — 6 . 5′ . 3 — 6 . 5′ . 5
6 . 7 . 1 — 6 . 7 . 3 — 6 . 7 . 5
6 . 2 . 1 — 6 . 2 . 3 — 6 . 2 . 5
1′ . 5′ . 1 — 1′ . 5′ . 3 — 1′ . 5′ . 5
1′ . 7 . 1 — 1′ . 7 . 3 — 1′ . 7 . 5
1′ . 2 . 1 — 1′ . 2 . 3 — 1′ . 2 . 5

Ce tableau, comme on le voit, contient 27 mots, qui se divisent en mots de tonique, renfermés dans la première colonne ; en mots de médiante, dans la seconde colonne, et en mots de dominante, dans la troisième. Chaque note principale est précédée d'une des subordonnées de première classe, et celles-ci, d'une des subordonnées de seconde classe. Ces mots, par conséquent, se composent de deux mots de deux notes ayant une note commune, d'un mot de second ordre suivi d'un mot de premier ordre. Nous verrons bientôt comment on les découvre dans un chant donné.

4° Ces notions préliminaires établies, pour accompagner un morceau de chant, il faut d'abord reconnaître quel en est le ton principal, puis faire l'analyse de ses notes selon ce ton, jusqu'à ce qu'on ne rencontre quelque note qui lui soit étrangère, ou quelque repos sur une subordonnée de seconde classe. Toute subordonnée suivie d'une principale forme un mot. Toute subordonnée qui n'est pas suivie d'une principale, et toute principale qui n'est pas précédée d'une subordonnée sont des notes isolées.

Les trois espèces de notes que nous avons distinguées précédemment, peuvent être isolées. Quand deux notes isolées sont deux principales, et que la première est la tonique ou la dominante du ton, on peut en former un mot. Quand ce sont deux subordonnées, et que la première est une subordonnée de seconde classe, et la dernière une subordonnée de première classe, on peut également en faire un mot. Enfin si un mot de cette dernière espèce est suivi d'une des principales, on aura un mot de trois notes.

L'analyse, comme on le voit, découvre les mots sans aucun tâtonnement. On peut encore les trouver par d'autres procédés qu'il n'est pas inutile de faire connaître.

Pour voir si deux notes peuvent former un mot, supposez que la dernière soit une principale, en d'autres termes, chiffrez-la 1 ou 3 ou 5, puis voyez si, dans cette hypothèse, la première lui est subordonnée, ce que vous reconnaîtrez facilement par le rang qu'elle occupe relativement à la dernière, ou bien encore par l'intervalle qu'elle fait avec elle.

Quant aux mots ternaires ou de trois notes, on peut s'assurer si trois notes qu'on rencontre dans un chant, peuvent former un mot, en partant de la dernière. On lui suppose le chiffre 1 ou 3 ou 5; on voit si l'avant-dernière est, par le rang qu'elle occupe ou par l'intervalle qu'elle fait, une subordonnée de première classe relativement à cette dernière ainsi prise pour principale, autrement si elle peut recevoir un des chiffres 5' ou 7 ou 2; et dans le cas où elle remplit cette condition, si la première note du groupe peut prendre l'un des chiffres 4 ou 6 ou 1', c'est-à-dire, si elle est subordonnée de seconde classe par rapport à la deuxième. Quand il en est ainsi, les trois notes peuvent former un mot.

Ces procédés sont utiles surtout pour découvrir quels mots on peut former avec plusieurs notes isolées qui se suivent; et ainsi ils sont un auxiliaire et un complément de l'analyse ordinaire, qui est le procédé le plus avantageux et celui qu'il faut employer le plus ordinairement pour former les mots mélodiques.

5° L'analyse que l'on fait des notes d'un chant, est susceptible de plusieurs modifications. D'abord elle doit être modifiée dans deux cas : lorsqu'il se rencontre quelque note étrangère au ton principal du morceau; et lorsque le chant fait un repos sur l'une des subordonnées de seconde classe; en outre, si le chant est placé à la basse, lorsque le repos se fait sur la deuxième note du ton.

En second lieu on peut la modifier de trois manières : en groupant les notes isolées qui se suivent; en groupant les tierces qui se présentent, ou quelques unes d'entre elles; enfin en prenant les notes subordonnées, ou quelques unes d'entre elles, pour principales, et en les donnant aux mots pour secondes notes. Les notes subordonnées qui peuvent être traitées de la sorte de préférence aux autres, sont la quatrième et la sixième, dans les deux modes, parce qu'elles donnent des tons plus voisins; et ainsi on peut très bien prendre ces notes pour toniques, quand elles se présentent dans le chant précédées de notes qui soient subordonnées par rapport à elles.

Toutes ces modifications de l'analyse conduisent à des modulations analogues dans l'accompagnement. Mais outre ces modulations harmoniques qui sont ainsi amenées, on peut et même on doit assez souvent, afin d'éviter la monotonie, faire d'autres modulations tant sur les notes isolées qui n'ont point été groupées, que sur les mots eux-mêmes que forment les principales du ton primitif groupées avec les subordonnées.

Or les modulations sur les mots peuvent se faire de deux manières, ou en transformant un mot d'une espèce en un mot d'une autre espèce, par exemple, un mot de tonique en un mot de médiante ou de dominante, ou bien en traitant les deux notes d'un mot comme deux notes isolées, et les accompagnant en deux tons différents.

Il y a certains mots qui doivent toujours subir cette dernière transformation, d'abord les mots formés par la cinquième ou par la quatrième note avec la tonique, quand celle-ci est placée au-dessous d'elles dans le chant; en second lieu les mots que l'on a formés avec la septième note et une principale placée à la suite, lorsque cette septième note n'est pas note sensible, c'est-à-dire éloignée d'un demi-ton seulement de la tonique; en troisième lieu les mots qu'on veut transformer en mots d'une autre espèce, lorsque l'intervalle que font les deux notes de ces mots ne permet pas cette transformation, par exemple, si l'on voulait transformer le mot 7 . 1 dans le mot 4 . 5. Pour voir promptement si un mot peut se transformer en un mot d'une autre espèce, il est important de bien connaître les intervalles que font les mots de tonique, de médiante et de dominante; c'est à quoi peut servir le tableau que nous avons donné précédemment.

6° A mesure qu'on forme les mots par l'analyse, il faut les chiffrer, par conséquent décider quels seront ceux qu'on accompagnera dans le ton du morceau, ceux qu'on transformera en mots d'une autre espèce, et ceux qu'on accompagnera en deux tons différents. On doit également chiffrer toutes les notes qui demeurent isolées. Après cette opération, il n'y a plus qu'à donner à chaque mot et à chaque note isolée les accords indiqués par les chiffres, ce qui, avec un peu d'habitude, est aussi facile que de jouer un morceau de chant, dont tous les accords sont écrits. Nous conseillons d'écrire les chiffres au crayon seulement dans les graduels et vespéraux, parce qu'on pourra facilement les effacer, lorsqu'on voudra faire quelque changement, ou même les supprimer entièrement.

Quand on accompagne, il ne faut pas oublier d'éviter les quintes et les octaves consécutives. Or les chiffres, outre l'avantage qu'ils ont d'indiquer les accords, ont encore celui de faire savoir où se trouvent ces quintes et ces octaves. On sait en effet que deux des notes de la gamme s'accompagnent par leurs quintes inférieures, savoir la dominante et la deuxième note; et que deux autres, la tonique et la sous-dominante, s'accompagnent par leurs octaves. Par conséquent, deux notes consécutives qui portent le chiffre 5 ou le chiffre 2, ou bien l'une le chiffre 5 et l'autre le chiffre 2, pourraient donner lieu à deux quintes consécutives. Il faut donc éviter de chiffrer ainsi, ou du moins éviter les quintes par les procédés que nous avons fait connaître ailleurs. De même, deux notes consécutives qui auraient le chiffre 1 ou le chiffre 4, ou bien l'une le chiffre 1 et l'autre le chiffre 4, pouvant donner lieu à deux octaves, il sera nécessaire ou de ne pas chiffrer de la sorte, ou, pour les éviter, de renverser au moins l'un des deux accords. Ajoutons que, quand deux notes consécutives sont accompagnées par leurs tierces inférieures, il y a, entre la partie basse et une des parties intermédiaires, deux quintes qu'il faut éviter. Or trois notes de la gamme s'accompagnent ainsi, la médiante, la sixième et la septième note; et par suite quand deux notes consécutives portent le chiffre 3, ou 6, ou 7, ou bien la première l'un de ces chiffres, et la dernière un des deux autres, il y a lieu d'éviter deux quintes.

7° Dans toutes les modulations harmoniques qu'on peut se permettre, il faut avoir soin de ne pas sortir du ton relatif ni des tons voisins du ton principal du morceau, à moins que le chant lui-même n'y oblige; et parmi les tons voisins, on doit choisir de préférence le plus voisin, ou au moins l'un des plus voisins. Toutefois, quand une phrase appartient à un ton différent de celui du morceau, on peut moduler dans les tons voisins de cette phrase, lors même qu'ils ne seraient pas voisins du ton principal du morceau.

Tel est l'abrégé de tout notre système d'accompagnement, qui, comme on le voit, se résume en sept articles, que nous désignerons sous ces titres : — Détermination des accords propres à chaque ton. — Distinction des notes de la gamme. — Formation et classification des mots mélodiques. — Analyse du chant et ses modifications. — Emploi des modulations harmoniques. — Chiffrature des mots et des notes isolées. — Limite des tons que peuvent parcourir les modulations harmoniques. Nous invitons nos lecteurs à prêter une attention particulière à l'article de l'analyse et de ses modifications. Quiconque saura bien analyser, saura bien accompagner.

Venons-en maintenant à la pratique. Nous prévenons que, dans les exemples qui suivent, nous séparerons les différentes phrases de chant par des lignes verticales traversant toute la portée, et que nous désignerons leur rang par des chiffres placés au-dessus de ces lignes. Pour l'accompagnement, nous supposerons toujours le plain-chant placé à la partie supérieure, et nous nous bornerons à indiquer, par des chiffres, les accords que pourront prendre les notes groupées ou non groupées.

PREMIER MODE EN *RÉ* MINEUR.

1° La première phrase se termine par un *la*. Comme cette note est la dominante du ton de *ré* mineur, on pourrait croire, au premier coup-d'œil, que l'analyse peut se faire dans ce ton ; mais le *si* naturel qui se trouve répété plusieurs fois, indique un autre ton. Quel est ce ton? Nous savons qu'une finale intermédiaire peut être prise pour tonique, ou pour dominante, ou pour médiante, et même pour deuxième ou pour septième note (quand elle est note sensible), pourvu toutefois qu'on ne sorte pas des tons voisins de celui du morceau. Ici le *la* ne peut être pris pour dominante ni pour médiante, parce que le *si* naturel exclut le ton de *ré* mineur et celui de *fa* majeur ; il ne peut pas non plus être pris pour deuxième note, le ton de *sol* majeur étant éloigné du ton de *ré* mineur; ni pour septième note, parce que le *si* naturel de la phrase exclut le ton de *si* bémol, où conduirait cette dernière hypothèse. Cette note ne peut donc être prise que pour tonique; et la phrase doit être analysée en *la* mineur, à partir de sa seconde note. Nous ferons donc l'analyse dans ce ton, comme elle est marquée ci-dessous par des liaisons, et l'on pourra accompagner comme les chiffres l'indiquent. (Il ne faut pas oublier qu'on peut moduler sur les mots formés par l'analyse, et de quelle manière. Nous ferons, ici et dans les exemples suivants, un fréquent usage de la règle que nous avons donnée sur ce point.)

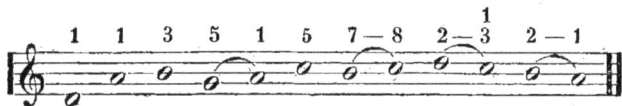

OBSERVATION. Si nous ne commençons pas l'analyse dans le ton de *la*, dès la première note, c'est qu'en général, quand un morceau de chant qui change de ton commence par une des notes principales du ton primitif, on doit accompagner cette note dans ce ton, afin de l'indiquer, et ne moduler que sur les notes suivantes.

On remarquera que nous avons fait un mot des notes *sol* et *la*, quoique le *sol* naturel n'appartienne pas au ton de *la* mineur. Nous aurions pu le laisser comme note isolée. Dans le plain-chant, la septième note des tons mineurs ne recevant jamais d'altération, ne peut être considérée comme septième note tonale dans la formation des mots par l'analyse. On peut néanmoins la grouper, quand elle est suivie d'une principale du ton; mais dans l'accompagnement elle doit toujours être considérée comme note isolée.

La première analyse que nous venons de présenter peut être modifiée de trois manières; et d'abord en groupant les notes isolées qui commencent la phrase. D'après la règle, quand il y a trois notes isolées de suite, on peut grouper les deux premières et laisser la dernière seule, ou bien laisser seule la première et grouper les deux autres. Ici il vaut mieux grouper les deux dernières, et laisser la première seule, parce qu'elle commence la phrase. D'après cela ces deux dernières notes donneront un mot de médiante ou de dominante, mais non un mot de tonique, le ton de *si* étant éloigné de celui de la phrase. Nous pourrons donc analyser et chiffrer ainsi :

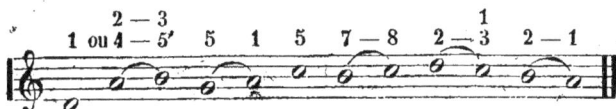

En second lieu, on peut modifier l'analyse en groupant les tierces. La phrase en offre deux, *si-sol* et *la-do*. La première nous donne un mot de médiante ou de dominante, et la seconde un mot de tonique ou de médiante. On peut donc chiffrer ainsi :

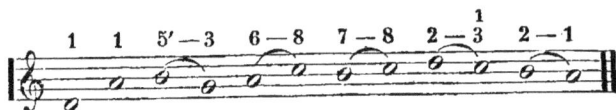

Enfin on peut modifier l'analyse en prenant les notes subordonnées pour principales, ce qui donnera le résultat suivant :

Nous nous empressons de rappeler qu'il ne faut se servir que rarement de ce mode d'analyse. Toutefois on l'emploie avec avantage pour préparer un repos, lorsqu'il amène un ton intermédiaire entre le ton principal du morceau et celui que donne la note de repos.

On voit, par ce premier exemple, que toutes les modifications de l'analyse conduisent à autant de manières différentes d'accompagner une phrase. Nous savons en outre que chaque mot formé par l'analyse peut s'accompagner de différentes manières, selon qu'on le prend pour un mot de tonique, ou de médiante, ou de dominante, ou qu'on traite ses deux notes comme des notes isolées, ce qui fournit de nouvelles ressources pour les modulations dans l'harmonie.

2° La seconde phrase se termine par le *ré*, et en outre elle renferme le *si* bémol ; par conséquent elle est en *ré* mineur. L'analyse se fera comme ci-dessous, et l'on pourra accompagner avec les modulations indiquées par les chiffres, modulations nécessaires pour éviter la monotonie.

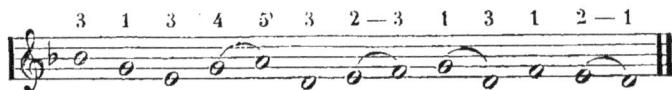

Nous pouvons ici encore modifier cette première analyse de trois manières. D'abord grouper les notes isolées qui commencent la phrase. Nous ne pouvons pas grouper les deux premières, parce que le mot *si♭-sol* nous conduirait dans le ton d'*ut* mineur, ou dans celui de *mi* bémol, deux tons éloignés de celui de la phrase. Mais nous pouvons grouper les deux dernières *sol-mi*, parce que le ton d'*ut* majeur et celui de *la* mineur où conduit le mot formé par ces deux notes, sont voisins du ton principal de la phrase.

En second lieu grouper les tierces. La phrase en renferme quatre. Nous venons de voir que la première ne peut être groupée, mais que la seconde le peut. La troisième *mi-sol* nous conduirait au ton de *sol* majeur ou à celui de *mi* mineur, qui tous deux sont éloignés du ton de la phrase. Enfin la quatrième tierce *ré-fa* peut être employée, parce qu'elle conduit en *fa* majeur ou en *ré* mineur. Par suite nous aurons ce qui suit :

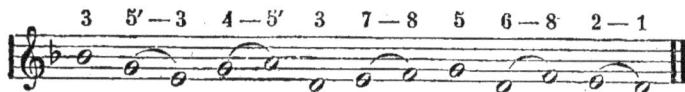

Enfin nous pouvons modifier l'analyse en regardant comme principales les notes subordonnées ; et ce procédé nous conduira au résultat suivant :

Nous n'avons pas besoin de faire remarquer que cet accompagnement est peu satisfaisant, parce que vers la fin on passe du ton de *sol* majeur en celui de *la* mineur, deux tons qui, procédant par degrés conjoints, sont peu voisins.

Nous ferons observer qu'il ne faut pas manquer de renverser l'accord du troisième *sol* qui porte le chiffre 5, à cause de l'accord suivant qui est chiffré de la même manière.

3° La troisième phrase se termine par un *ut*. Il faut faire l'analyse du commencement en *ré* mineur, et la terminer par un mot en *ut*. Pour l'accompagnement, on pourrait accompagner les deux premiers mots en *ré* mineur ; mais il vaut mieux n'accompagner que le premier dans ce ton, et le second en *fa* majeur, pour arriver au ton d'*ut*, parce que le passage de *ré* mineur en *ut* majeur ne serait pas aussi satisfaisant, ces deux tons étant peu voisins.

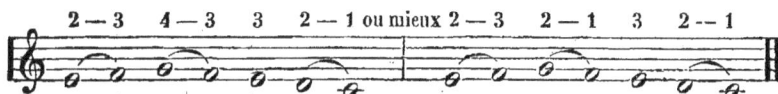

Désormais, pour éviter d'être trop long, nous n'indiquerons plus que dans quelques cas plus difficiles ou plus remarquables, les différentes manières de modifier l'analyse des phrases qui vont suivre, chacun du reste devant être maintenant en état de faire par lui-même ces modifications.

4° La quatrième phrase finit par un *sol*, quatrième note du ton de *ré* mineur. Nous ne pouvons prendre cette note pour médiante ni pour septième note, parce que nous serions conduit dans des tons éloignés du ton primitif qui est *ré* mineur. Mais nous pouvons la prendre pour tonique (*sol* mineur), ou pour dominante (*ut* majeur), ou pour seconde note (*fa* majeur). Nous la prendrons pour seconde note, parce que le ton de *fa* majeur est le relatif de *ré* mineur.

5° La cinquième phrase fait son repos sur le *mi*, qui est la seconde note du ton *ré* mineur. Il n'y a donc rien qui empêche de faire l'analyse dans ce ton. On pourra accompagner comme l'indiquent les chiffres.

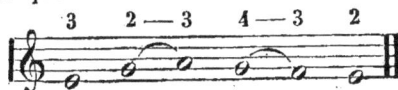

6° La sixième phrase a pour finale le *sol*, quatrième note du ton de *ré* mineur. On ne peut-pas prendre cette note pour tonique, parce que la phrase renferme un *fa* naturel; ni pour médiante, le ton de *mi* mineur étant éloigné; ni pour dominante (*ut* majeur) à cause du *si* bemol; ni enfin pour septième note (*la* bemol) parce qu'on aurait un ton éloigné. Par conséquent on ne peut la prendre que pour seconde note du ton de *fa* majeur. Faites l'analyse en *fa* et accompagnez comme vous le voyez indiqué.

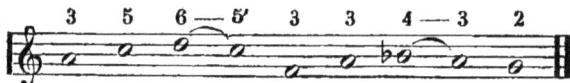

7° La dernière phrase se terminant par un *ré*, l'analyse s'en fera en *ré* mineur; et on accompagnera comme il est marqué ci-dessous.

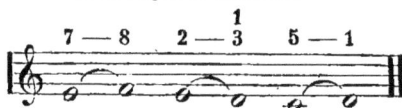

DEUXIÈME MODE EN *RÉ* MINEUR.

1° La première phrase finit par un *la*, dominante du ton de *ré* mineur. Comme par ailleurs il n'y a point de note étrangère au ton de *ré*, l'analyse doit se faire dans ce ton. Comme on le voit, toutes les notes sont isolées. On pourrait les laisser à cet état; mais on peut aussi les grouper. Nous ne grouperons pas le premier *ré*, parce qu'il est la première note de la phrase, mais nous grouperons toutes les autres.

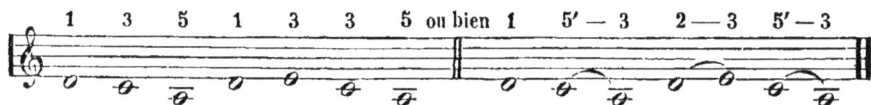

On pourrait faire un changement, en groupant la tierce *mi-do*.

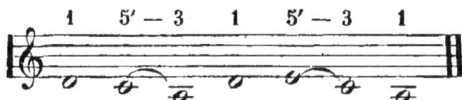

2° Dans la seconde phrase l'*ut* final conduit ou en *ut* majeur, ou en *la* mineur, ou en *fa* majeur. Ce dernier ton étant le ton relatif de *ré* mineur, on doit le préférer. Faites par conséquent l'analyse en *ré* mineur jusqu'à la quatrième note, puis terminez en *fa*.

On peut grouper la tierce *ré-fa*, et en outre changer l'accompagnement du premier mot ci-dessus, ce qui donnera :

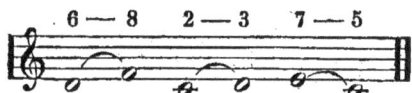

$$6 — 8 \qquad 2 — 3 \qquad 7 — 5$$

Si l'on fait l'analyse par les notes subordonnées, on aura le résultat suivant :

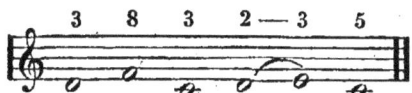

$$3 \qquad 8 \qquad 3 \qquad 2 — 3 \qquad 5$$

3° La finale, dans la troisième phrase, étant la seconde note du ton de *ré* mineur, on peut faire l'analyse dans ce ton.

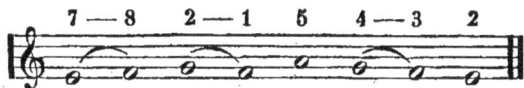

$$7 — 8 \qquad 2 — 1 \qquad 5 \qquad 4 — 3 \qquad 2$$

On pourrait grouper la tierce *fa-la* et l'accompagner soit en *la* mineur, soit en *fa* majeur.

4° La quatrième phrase se termine par un *ré*, et par suite l'analyse doit se faire dans le ton primitif du morceau.

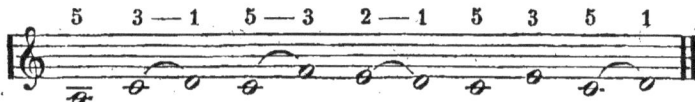

$$5 \qquad 3 — 1 \qquad 5 — 3 \qquad 2 — 1 \qquad 5 \qquad 3 \qquad 5 \qquad 1$$

Si l'on veut grouper les notes isolées, on ne trouvera que *ut-mi* qui puisse former un mot ; si l'on groupe les tierces, on trouve *ut-mi*, ce qui donne le même résultat que tout-à-l'heure, ou bien *mi-ut*, qu'on accompagnera en *fa* ou mieux en *la* mineur. Enfin l'analyse par les subordonnées donnerait le résultat suivant :

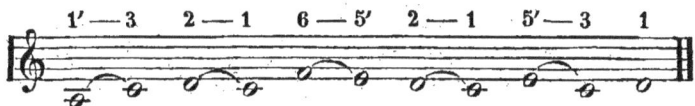

$$1' — 3 \qquad 2 — 1 \qquad 6 — 5' \qquad 2 — 1 \qquad 5' — 3 \qquad 1$$

TROISIÈME MODE EN *UT* MAJEUR.

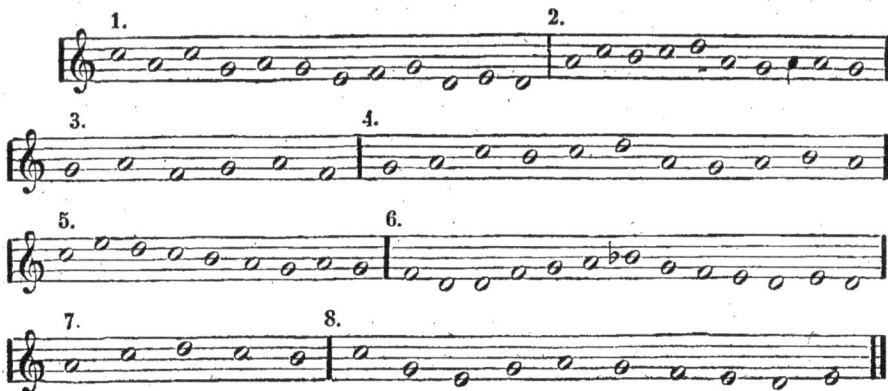

1° La première phrase se termine par la seconde note du ton d'*ut*, et par conséquent on fera l'analyse dans ce ton.

Remarque. — Nous n'indiquerons plus désormais la manière d'accompagner les mots formés par l'analyse, chacun devant être en état de la trouver facilement. On voit qu'ici les notes isolées ne donnent pas de mots, parce qu'il n'y en a pas deux de suite. Il n'y a qu'une seule tierce qui puisse modifier l'analyse et donner un mot, *sol-mi*.

Si l'on veut faire l'analyse par les notes subordonnées, le *ré* étant la finale, on sera conduit en *ré* mineur; et ici ce genre d'analyse sera satisfaisant, parce qu'il conduit au ton de la finale.

2° La seconde phrase finissant par la dominante du ton d'*ut*, l'analyse ne peut offrir de difficulté.

Il n'y a point ici de notes isolées à grouper, ni de tierce, la seule qui s'y trouve l'étant déjà.

L'analyse par les notes subordonnées donnera le résultat suivant, qui ne vaut pas le premier, parce qu'elle conduit à des tons moins voisins du ton primitif.

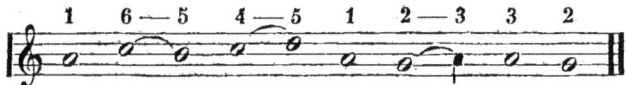

3° Dans la troisième phrase, la finale est la quatrième note du ton primitif; par conséquent il faut moduler. On pourrait bien n'aller en *fa* qu'à la fin, mais alors on y entrerait brusquement, parce que le *fa* n'est pas précédé de l'une de ses subordonnées; par suite il vaut mieux commencer en *fa*. On pourrait aussi terminer en *ré* mineur.

Afin d'abréger de plus en plus ce résumé, nous allons désormais nous borner à indiquer le ton de chaque phrase, ou des membres de phrase, quand une même phrase offrira plusieurs tons.

Modulations.

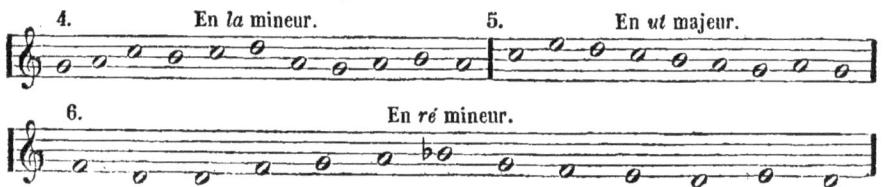

7. En *ut* majeur.   **8.**   En *ut* majeur.

Le dernier *mi* pris
pour dominante.

QUATRIÈME MODE EN *RÉ* MINEUR.

1. En *la* mineur, à cause du *si*. **2.**   En *ré* mineur.

3. En *ut*, en *la* ou en *fa*. **4.** En *fa* majeur.   **5.**   En *ré* mineur.

6. En *ut*, à cause du *si* naturel.   **7.**   En *ré* mineur.

CINQUIÈME MODE EN *FA* MAJEUR.

1.   En *ut* majeur.   **2.**   En *ut*, à cause du *si* naturel.

3. En *fa* majeur.   **4.** En *la*, | en *fa*. **5.**   En *fa*.

6.   En *ut*, | en *fa*. **7.**   En *fa*.

SIXIÈME MODE EN *FA* MAJEUR.

1.   En *ut* majeur.   **2.** En *fa* ou en *la* ou en *ut*.

3.   En *fa*, en *si♭* ou en *sol* mineur. **4.** En *fa* majeur.

SEPTIÈME MODE EN *SOL* MAJEUR.

1. En *ut*, à cause du *fa*. **2.**   En *ut*.

3.   En *ut*.   **4.** En *ut* ou en *ré* mineur.

5. En *ut*, en *la*, en *fa* majeur.

HUITIÈME MODE EN *UT* MAJEUR.

FIN.

Imp. Moquet, 92, rue de la Harpe.

Procédé de Tantenstein et Cordel.

Paris.—Imprimerie de Moquet, 92, rue de la Harpe.